JEAN RICHEPIN

# CONTES
DE LA
# DÉCADENCE
# ROMAINE

PARIS
BIBLIOTHÈQUE-CHARPENTIER
EUGÈNE FASQUELLE, ÉDITEUR
11, RUE DE GRENELLE, 11

1898

Extrait du Catalogue de la BIBLIOTHÈQUE-CHARPENTIER
à 3 fr. 50 le volume
EUGÈNE FASQUELLE, ÉDITEUR, 11, RUE DE GRENELLE

# OEUVRES DE JEAN RICHEPIN

DANS LA BIBLIOTHÈQUE CHARPENTIER A 3 FR. 50 LE VOLUME

## POÉSIE

| | |
|---|---|
| La Chanson des Gueux... | 1 vol. |
| Les Caresses... | 1 vol. |
| Les Blasphèmes... | 1 vol. |
| La Mer... | 1 vol. |
| Mes Paradis... | 1 vol. |

## ROMANS

| | |
|---|---|
| La Glu... | 1 vol. |
| Madame André... | 1 vol. |
| Les Morts bizarres... | 1 vol. |
| Miarka, la fille à l'Ourse... | 1 vol. |
| Le Pavé... | 1 vol. |
| Braves Gens... | 1 vol. |
| Césarine... | 1 vol. |
| Le Cadet... | 1 vol. |
| Truandailles... | 1 vol. |
| Cauchemars... | 1 vol. |
| La Miseloque, choses et gens de théâtre... | 1 vol. |
| L'Aimé... | 1 vol. |
| Les Grandes Amoureuses... | 1 vol. |
| Flamboche... | 1 vol. |

## THÉATRE

| | |
|---|---|
| Théâtre chimérique... | 1 vol. |

COLLECTION GRAND IN-8° CAVALIER A 4 FRANCS LE VOLUME

| | |
|---|---|
| La Glu, drame en 5 actes et 6 tableaux... | 1 vol. |
| Monsieur Scapin, comédie en vers, en 3 actes... | 1 vol. |
| Par le Glaive, drame en vers, en 5 actes et 8 tableaux... | 1 vol. |
| Vers la Joie, conte bleu, en vers, en 5 actes... | 1 vol. |
| Le Chemineau, drame en vers, en 5 actes... | 1 vol. |

| | |
|---|---|
| La Martyre, drame en 5 actes, en vers, Edit. in-8°.. | 5 fr. |
| — Edit. grand in-18 jésus. | 3 fr. 50 |
| Nana-Sahib, drame en vers, en 7 tableaux. Edition grand in-18 jésus.. | 2 fr. |
| Le Flibustier, comédie en vers, en 3 actes. Edition grand in-18 jésus... | 2 fr. |
| Le Mage, opéra en 5 actes et 6 tableaux. Musique de Massenet. Edition grand in-18 jésus... | 4 fr. |

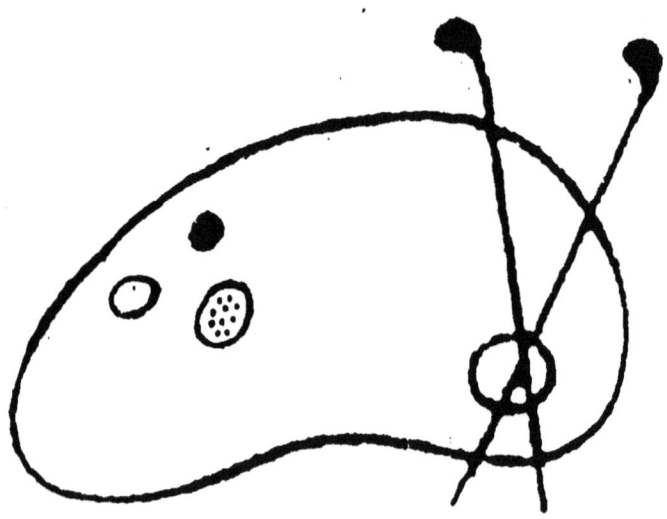

Fin d'une série de documents en couleur

# CONTES
## DE LA
# DÉCADENCE ROMAINE

8804. — L.-Imprimeries réunies, rue Saint-Benoît, 7, Paris.

# JEAN RICHEPIN

# CONTES
DE LA
# DÉCADENCE
ROMAINE

BIBLIOTHÈQUE-CHARPENTIER
EUGÈNE FASQUELLE, ÉDITEUR
11, RUE DE GRENELLE, 11

1898
Tous droits réservés.

A
MON AMI
LÉON
ROUBIER
JE DÉDIE CE
LIVRE
J. R.

# I

# ÉTOILE ÉTEINTE

# ÉTOILE ÉTEINTE

Tout ce que je sais d'elle, en vérité, et tout ce que peuvent en savoir les savants qui en savent le plus, et tout ce qui leur sera permis d'en jamais savoir, même au prix des plus ingénieuses et des plus patientes recherches, c'est qu'elle était mime, qu'elle parut deux fois en public, et qu'elle eut, comme on dit aujourd'hui, du succès.

De cela, de sa jeunesse, de son charme, de son talent, il n'y a pas à douter, et la critique la moins indulgente s'userait les dents à vouloir y mordre, puisque la chose est dûment constatée par un témoignage indiscutable et puisqu'il nous en reste la preuve en un feuilleton qu'on est bien obligé de proclamer lapidaire.

Mais était-ce une enfant encore ou déjà une femme, et sa grâce qui fit plaisir le fit-elle comme un bouton de rose aux tendres promesses ou comme une fleur en plein épanouissement de luxuriantes corolles, voilà ce dont je n'instruirai personne et ce dont personne au monde ne nous instruira, ni moi, ni personne.

Et par quel genre de charme et de talent séduisit-elle les spectateurs délicats, blasés, difficiles à satisfaire, qui portèrent sur elle un jugement favorable, c'est ce qui, jusqu'à la consommation des siècles et pour les curieux les plus sagaces, les plus fertiles en fureteuses inductions, demeurera une énigme à jamais sans réponse.

Il est loisible de supposer qu'elle fut une mime tragique, au masque impérial, à l'allure de déesse, aux grands gestes larges évoquant les sanglantes horreurs des familles fatales et les enveloppant de ce voile de beauté qui, dans la statuaire antique, revêt la douleur et l'atrocité elles-mêmes de splendeur et d'eurythmie.

Mais rien non plus ne défend d'imaginer qu'elle fut une mime comique, la bouche moqueuse, les yeux pailletés de joie, la démarche légère, avec de jolis gestes vifs et spirituels, faisant la nique aux pères avares, aux soldats fanfarons, et allumant sur toutes les bouches le rire inextinguible à l'éclair de ses dents éblouissantes.

Et c'est une hypothèse raisonnable encore, que de se la figurer en mime lascive, en une de celles qui, par leurs regards mouillés et languides, leurs bras ouverts aux étreintes, leur ventre frissonnant et leur croupe tumultueuse, déchaînaient à travers toute une salle en rut l'ouragan des désirs et l'orgiaque folie des caresses.

Qu'elle fut aimée, étant aimable, on doit le croire, et croire aussi qu'elle ne resta pas insensible aux amours qu'elle inspirait, d'autant qu'il n'y a guère d'exemple, ou plutôt qu'il n'y en a pas, d'une mime s'astreignant à vivre comme une chaste vestale confite en sa virginité ou comme une sage matrone fileuse de laine conjugale.

De qui elle fut aimée, il n'importe pas de le connaître et on le devine assez, connaissant qu'elle plut et en inférant que ce fut à plus d'un, à des vieux et à des jeunes, à des sénateurs et à des sportulaires, à tous ceux que son jeu et sa joliesse avaient ravis, et sans doute à des camarades qui n'avaient pas encore eu le temps de l'envier.

Mais qui aima-t-elle, de ces innombrables amoureux, et à qui fut réservé le rare délice de la posséder lui seul après les deux mémorables représentations où elle fut possédée par l'admiration d'une salle entière, tel est le secret qu'elle a emporté avec elle et que nul flambeau n'éclairera plus dans l'impénétrable nuit de son cœur éteint.

Il est doux de penser que ce fut quelque

jeune et beau patricien qui, à coups de sesterces, s'était payé ce précieux régal, et qui, en cette maîtresse d'une nuit, trouva la consolation de son existence lasse et morne, et reprit goût à la joie de vivre en la sentant elle-même si joyeuse de se donner et prête à vivre pour lui jusqu'à en mourir.

Peut-être est-il plus doux encore de songer à un compagnon de Cirque, un belluaire, un gladiateur, une brute superbe et forte, en qui elle aurait rencontré le maître, le mâle, et dont elle aurait voluptueusement savouré la domination, avec les angoisses de le voir demain tomber rouge sur l'arène, embrassé par un fauve, baisé par un glaive.

A la clarté crue d'un vers de Juvénal, à la polissonne insinuation d'une épigramme de Martial, on a le droit aussi de se la représenter méprisant le rude culte de Priape et partageant avec la noble épouse d'un consul, avec une mime comme elle, Syrienne, Thessalienne, Gaditane, les stériles pâmoisons où le subtil Eros est un dieu qui n'a plus de sceptre.

Mais tout cela, on a le droit de le rêver seulement, et rien n'autorise à l'affirmer, et aucun commentaire ne peut le faire jaillir du texte, pourtant si clair, si vigoureusement exprimé, si décisif, qui nous apprend que cette gracieuse a existé, qu'elle fut mime, qu'elle parut deux fois en public, et qu'elle eut, comme on dit aujourd'hui, du succès.

Ah ! combien souvent j'y ai rêvé, sur ce texte, depuis le jour où il m'a sauté aux yeux, brusquement, tandis que je feuilletais d'une main nonchalante ce bouquin, peu propice au rêve, cependant, ce bouquin d'épigraphie, aux marges duquel plusieurs générations d'érudits avaient gribouillé des arabesques de notules farcies d'abréviations en grimoire !

Et combien souvent vous y rêverez sans doute, comme moi, à ces quatre mots évocateurs, quand je vous les aurai révélés, et quand à leur tintinnabulation vous entendrez, comme moi, s'éveiller tout le monde endormi qu'ils suscitent, tout le monde de la décadence romaine, tout ce monde dont nous avons encore le sang dans les artères, et quasi la mémoire atavique!

Car, élevés et nourris que nous sommes de moelle atine, et, même les plus ignorants, imprégnés, dès l'enfance, de lectures latines, et fils des Gallo-Romains, ce n'est pas un effort pour nous, que de revivre la vie de ces ancêtres, et il semble, quand nous en lisons les mille détails, que nous soyons en train, non de les découvrir, mais de nous les rappeler.

Et ainsi vous la verrez, vous croirez la voir, ou plutôt la revoir, la petite mime dont je vous parle, et de qui je ne sais rien, en vérité, rien de plus que vous, rien de plus que personne, et de qui personne au monde ne saura jamais rien de plus, sinon qu'elle était mime, qu'elle parut deux fois en public, et qu'elle eut, comme on dit aujourd'hui, du succès.

Et vous aurez beau n'en rien savoir de plus, vous ne pourrez douter ni de son existence, ni de sa jeunesse, ni de son charme, ni de son talent, puisque la chose est dûment constatée par un témoignage indiscutable, à l'abri de toute malveillante critique, et puisqu'il nous en reste la preuve en un feuilleton qu'on est bien obligé de proclamer lapidaire.

Lapidaire au sens strict du mot, gravée sur une pierre tombale, mais sans autre indication (car le nom de la morte est effacé, sauf deux lettres le féminisant), lapidaire et simple et glorieuse est l'épitaphe de la petite mime inconnue, dont il est dit en quatre mots : *bis saltavit, et placuit* (deux fois elle mima, et elle plut), cela, et c'est tout.

C'est tout, et c'est assez, n'est-ce pas, pour qu'à la tintinnabulation de ces quatre mots évocateurs s'éveille tout le monde endormi qu'ils suscitent, et pour qu'on connaisse cette mignonne, cette charmante, cette exquise, et pour qu'elle plaise encore comme elle plut jadis, et pour qu'on en soit à tout jamais l'impuissant et fol amoureux?

# II

# LA VIOLETTE

# LA VIOLETTE

---

L'inscription en lettres onciales dit que Marcus Mummius était préfet du prétoire, sous l'empereur Trajan, dans la cité d'Hisconium, quand les honneurs du triomphe poétique y furent accordés à Lucius Valérius, surnommé Pudens.

En une prose aux cadences latines, je veux conter l'histoire de ce triomphe, heureux si les poètes du temps présent y prennent une leçon de modestie dont plus d'un a besoin peut-être, et heureux surtout de rendre à ce confrère du temps passé un peu de sa gloire abolie.

Puissent tes mânes goûter quelque douceur à ce reviviscent hommage, ô toi que la postérité cruelle a si injustement oublié, toi dont la miraculeuse aurore promettait pourtant aux Muses romaines un nouvel astre pouvant éclipser le soleil même de Publius Vergilius Maro, toi pour qui ma piété tardive va rallumer ici le flambeau de la louange après dix-sept longs siècles de ténèbres !

L'obscure cité d'Hisconium ne méritait point son obscurité ; car les lettres y étaient l'objet d'un véritable culte public. Aux fêtes des Lustrations quinquennales, où s'établit le dénombrement des citoyens, une armée de poètes y venait, de toutes les provinces de l'empire et de Rome elle-même, pour y disputer la couronne de laurier par quoi le vainqueur était reconnu comme prince des Lettres.

C'est le peuple entier qui la décernait, après avoir entendu sur le forum les deux poèmes, réservés à cette suprême épreuve et jugés dignes d'y être admis, par l'examen préalable du Sénat, entre les innombrables poèmes qu'avait fait éclore le concours.

Depuis trente-cinq années déjà, sans que personne eût jamais pu la lui ravir aux six dernières luttes, la couronne appartenait au vieux et illustre maître Accius Galbanus Merula, qu'on appelait aussi le Pindare d'Hisconium.

Mais, cette année-ci, voici qu'un bruit singulier courait parmi la foule, à l'étonnement de tous, à l'indignation de quelques-uns, et le Pindare d'Hisconium ne pouvait y croire. On disait que, contrairement aux usages, un seul poème allait être lu au peuple, tellement cette merveille avait paru au Sénat l'emporter sur tous les poèmes du concours, même sur le poème, pourtant admirable, d'Accius Galbanus Merula, le Pindare d'Hisconium.

Il se fit dans le forum un grand et religieux silence, quand le héraut du concours, l'histrion Pollux, à la voix retentissante et modulatrice, commença la lecture du poème ainsi désigné par avance à une victoire sans combat.

Mais, à l'écouter, les plus hostiles furent vite obligés de convenir que le Sénat avait eu raison, et que rien ne pouvait être comparable à cette bien nommée et vraiment invincible merveille. Jamais on n'avait entendu, sur le forum d'Hisconium, et jamais peut-être en aucun lieu du monde il n'avait été donné d'entendre à des oreilles humaines, de poème aussi parfait, en vers à la fois plus émouvants et plus beaux, selon une plus savante et plus harmonieuse composition, dans une langue plus pure, d'un goût plus sobre, et riche néanmoins comme un luxuriant avril tout épanoui d'images neuves.

On ne se contentait pas de crier, on pleurait d'admiration. Le vieux et illustre maître lui-même, le Pindare d'Hisconium, quoique découronné par cette indéniable victoire, la proclamait, en sanglotant, non pas d'envie, mais de joie, tant la beauté avait d'empire sur son noble cœur.

— Il n'y a point de honte, disait-il, à s'avouer moins grand poète que l'auteur de pareils vers. Car ils ne sont pas d'un homme. Un dieu seul a pu les faire. Et à celui qu'on va couronner ici comme le prince des Lettres, c'est certainement Apollon lui-même qui les a dictés dans un songe.

Et que cela fût la vérité, personne ne le mit en doute, quand on vit s'avancer, pour recevoir la couronne, le poète Lucius Valérius, à peine adolescent, presque un enfant encore. Le prince des Lettres n'avait pas treize ans.

— Une seconde lecture! Une seconde lecture!

Ce fut l'unanime acclamation du peuple et du Sénat tout entier, debout. Et Pollux, à la voix retentissante et modulatrice, recommença. Et plus admirable encore sembla le poème, où l'on découvrait des beautés nouvelles, où l'on savourait mieux celles goûtées déjà. Et, une troisième fois, on voulut l'entendre. Et toujours et sans fin on avait envie de le réentendre. Il semblait que l'on ne pût jamais s'en rassasier.

Pour satisfaire le peuple, pour répondre aux vœux de tous, le Sénat dut, séance tenante, voter une loi par laquelle fut décrétée la lecture quotidienne du poème pendant toute la durée des Lustrations ; et comme, au bout de ces huit jours, l'enthousiasme avait grandi sans cesse, loin de décroître, le peuple finit par demander qu'au milieu du forum Lucius Valérius eût une statue d'airain.

Marcus Mummius se rendit à Rome, et l'empereur Trajan, qui aimait les Lettres, non seulement consentit à ce qu'un poète enfant fût traité comme un César, mais il fournit lui-même la somme nécessaire à l'érection de la statue, et il voulut que l'inauguration du monument sur le forum d'Hisconium fût une fête de l'Empire et qu'on la fêtât avec toute la pompe d'un triomphe impératorial.

Quand le jour en fut arrivé, l'obscure cité

d'Hisconium resplendit de tout ce que l'Italie et Rome comptaient de plus illustre ; et les anciens Athéniens eux-mêmes, ceux du temps de Périclès, n'eussent trouvé qu'à louer dans l'ordonnance de cette cérémonie majestueuse et délicate, où l'éclat de l'orgueil satisfait était si bien tempéré par la douceur souriante de la grâce.

Dans une toge de pourpre aux franges d'or, le front ceint de la couronne en laurier vert, une palme à la dextre, Lucius Valérius se tenait debout sur un char d'ivoire aux roues peintes de vermillon, et que traînaient six cavales blanches comme la neige, aux naseaux roses comme l'aurore.

Sur le chemin du cortège, les maisons tendues d'étoffes précieuses étaie͏̈ ͏liées, d'un côté à l'autre de la rue, par des banderoles où se lisaient des inscriptions laudatrices, et les dalles de la chaussée disparaissaient sous des tapis multicolores et des jonchées de feuillage et de fleurs.

Fleurs vivantes et chantantes, les plus

belles jeunes femmes qu'on avait pu réunir marchaient autour du char, filles du peuple et filles de races fameuses, en robes et voiles qui semblaient du lait tissé, les cheveux flottants sur les épaules, les tempes coiffées de roses blanches, les mains brandissant des palmes ou plectrant des lyres ; et toutes célébraient le triomphateur, en récitant une ode qu'avait composée à ce dessein le vieux et illustre maître Accius Galbanus Merula, le Pindare d'Hisconium.

Les poètes, qui avaient pris part au concours, suivaient le char en jetant à la volée, parmi la foule, des médailles d'argent frappées à l'effigie de leur vainqueur.

Et quand on s'arrêta enfin devant la statue dévoilée, le consul romain, envoyé de l'empereur, tendit la main à Lucius Valérius pour l'aider à descendre du char, et lui dit à haute voix :

—Voici une couronne de laurier en or que t'offre le très auguste, afin que tu la poses toi-même sur le front sacré de ton image.

Silencieuse, émue jusqu'au fond de tous ses milliers de cœurs qui battaient comme en un seul cœur, la foule attendait qu'il eût posé le glorieux insigne sur son front d'airain, avant de répandre en cris d'extase tout l'enthousiasme dont elle débordait. Elle semblait sentir qu'il allait s'accomplir là on ne savait quoi de grand et de grave pareil à quelque mystère divin.

L'enfant triomphateur prit, des mains du consul, la couronne de laurier en or, et longuement il la baisa. Puis, s'avançant, d'un pas comme sacerdotal, vers Accius Galbanus Merula, sans prononcer une parole, il mit la couronne sur la tête du vieux maître.

Et, soudain, le peuple entier, à qui sans doute alors Apollon lui-même souffla ce mot, le peuple délirant et en larmes s'écria dans une tempête d'admiration :

— Pudens ! Pudens !

D'où lui demeura le surnom de Pudens, le Modeste, qui sert aussi à désigner la plus suave et la moins orgueilleuse des fleurs, celle pourtant dont la couleur profonde est la couleur même réservée au triomphe, la violette.

O violette à l'exquis parfum, dans le resplendissant bouquet de sa victoire ! O bouquet dont il ne reste aujourd'hui que cette violette !

Car elle a disparu, la statue de Lucius Valérius Pudens. Et son poème non plus n'a point subsisté, cette merveille qui promettait un rival au cygne de Mantoue. On n'en cite pas un vers, pas un mot. On ignore même ce qu'est devenu, après son couronnement, ce précoce grand poète. Nul scholiaste ne fait mention de lui. On ne connaît que son triomphe, à l'âge de moins de treize ans, son trait de bonne grâce et l'enthousiasme qu'il suscita parmi ses comtemporains.

Encore risquait-on, même cela, de ne jamais en être instruit. Il a fallu, pour qu'on en restituât la mémoire, le hasard heureux d'une découverte épigraphique, le déchiffrage d'une inscription révélant, après dix-sept siècles de ténèbres, le nom et l'aventure de Lucius Valérius Pudens, et comment il fut glorieux un jour, Marcus Mummius étant préfet du prétoire à Hisconium, sous l'empereur Trajan.

Mais cela suffit, qu'importe ! Si ton bouquet de gloire est fané, ô Pudens, ô Modeste, la violette de ta belle action fleurit encore et l'histoire de la poésie en est parfumée à jamais.

# III

# LA THAUMATURGE

# LA THAUMATURGE

C'est brusquement, comme un coup de foudre, en plein hippodrome, pendant la célébration des jeux offerts pour le cinquième consulat de Flabellus, qu'avait éclaté à Rome la peste violette.

Après une série de jours lourds et humides, la canicule achevait ce matin-là sa carrière dans la splendeur d'un soleil torride et aveuglant, dont les rayons en aiguilles d'airain fondu traversaient les pétases les plus durs, les toges les plus épaisses, et vous rendaient la peau fourmillante, le sang pareil à du vin cuit, la cervelle comme une éponge gonflée d'eau en ébullition. Les jets de liquides parfumés, qu'on lançait du haut des derniers gradins pour rafraîchir la foule, se vaporisaient sous forme de brume étouffante. Les innombrables éventails, mus par des machines hydrauliques, soufflaient une haleine de forge enflammée. Et, au lieu des clameurs habituelles saluant ou injuriant les cochers verts ou les cochers bleus, on n'entendait que ce cri unanime, râlé par toutes les poitrines haletantes :

— De l'air ! De l'air !

Soudain, comme si les dieux répondaient à l'impérieuse demande des Romains irrités, un grand vent s'était élevé du dehors, abattu dans l'hippodrome en un tourbillon froid ; et, aussitôt après son passage, on avait vu sur les gradins et sur l'arène hommes et bêtes, environ un pour trois, tomber et se tordre avec d'étranges convulsions.

Tel avait été le mystérieux début de la peste violette, que, le jour même, les fuyards de l'hippodrome avaient emportée et semée aux quatre coins de la ville.

Depuis quinze jours, Rome était en proie au monstre. Rien n'avait pu le dompter, ni les ordonnances sanitaires rendues par le préteur, ni la sagesse consultée du Sénat, ni les prières extraordinaires tentées par le collège des pontifes, ni les sacrifices divinatoires des augures, ni les philtres secrets vendus aux riches par de savantes sorcières thessaliennes, ni les grands feux d'aromates allumés pour les pauvres dans les carrefours des quartiers les plus contaminés, ni les remèdes proposés par les médecins fameux et que les crieurs publics proclamaient au coin des rues afin que tout le monde en profitât, ni même enfin le massacre et le dépeçage en morceaux, et la flambée aux bûchers, par la plèbe furieuse, de tous les Syriens, Juifs, Arabes, Persans, Indiens et autres Orientaux qu'on accusait d'avoir introduit à Rome le fléau dévastateur.

La maladie était effroyable, ne ressemblait à aucune maladie connue, attaquait les gens sans prévenir de son attaque, et les plus longs à terrasser n'y résistaient que quelques jours, tous ceux qu'elle saisissait étant d'ailleurs condamnés à mort.

On était pris tout à coup, comme les spectateurs frappés dans l'hippodrome, d'une crampe qui retournait les entrailles et l'estomac. On tombait par terre. On s'y roulait en d'horribles douleurs. Puis venait une lassitude profonde, les membres raidis, la tête pleine de plomb, le visage empreint de stupeur, les yeux dilatés par des visions monstrueuses. Et bientôt tout le corps se marbrait de larges taches en pourpre bleutée, pâle et métallique.

C'était là le stigmate suprême et sûr du mal, et d'où on lui avait donné son nom de peste violette.

Ces taches, en effet, demeuraient jusqu'à la mort, sans perdre leur couleur caractéristique, même celles qui se changeaient en accidents plus suppliciants, tels que bubons, anthrax, pustules gangreneuses, lesquels conservaient toujours, autour de leur centre suppurant, charbonneux ou pourri, l'auréole violette.

Et, pareillement les déjections et les vomissures des malades, d'abord teintées de bile livide, se décomposaient à la lumière ainsi qu'un coulin d'eau charogneuse, et s'y moiraient de plaques où reparaissait dans d'épouvantables fétidités la nuance triomphale de l'infection première, en pourpre bleutée, pâle et métallique, hideusement violette.

Et quand le pestiféré enfin était mort, que ce fût après une heure ou après cinq jours de torture, toutes les taches semblaient alors devenir vivantes, et grandissaient, et s'étalaient, ainsi que des poulpes cherchant à se dévorer les uns les autres ou à copuler pêle-mêle; et presque aussitôt, quoique insensiblement, le corps entier se couvrait de ce linceul en pourpre bleutée, pâle et métallique, linceul qui se collait à lui, puis le pénétrait peu à peu, s'y liquéfiait, l'imprégnait dans ses fibres les plus profondes, si bien qu'au bout de quelques instants le cadavre n'était plus qu'une informe masse, atrocement puante, fluente et gluante, de gélatine violette.

Rome était dépeuplée à demi. Tout espoir de lutte avait cessé. On n'essayait pas de fuir aux champs, où le fléau, disait-on, sévissait plus âprement encore que dans la ville, les animaux et les arbres eux-mêmes en étant frappés, et empoisonnant l'air. Les sages préféraient se tenir immobiles dans les maisons closes, à respirer des fumigations d'âcres herbes, à se laver de vinaigre, à mâcher du laurier. Les plus courageux, ou les plus lâches, passaient en orgies, à s'étourdir, le peu de temps qui leur restait vraisemblablement à vivre. La plupart des autres se contentaient d'attendre stupidement, comme des bêtes sous l'orage, que la colère des dieux fût assez repue de vengeance. Et personne ne comptait plus sur un secours humain.

C'est alors que parut la Thaumaturge, celle qui sous ce mystérieux titre est célèbre dans l'histoire pour avoir sauvé Rome de la peste violette, celle dont on ignore le nom, mais dont le secret est demeuré légendaire dans les annales du vieux peuple errant, dernier fils des antiques Atlantes et mon cher aïeul.

Grâce aux magiques sciences, aujourd'hui perdues à peu près, que lui avait léguées sa race, elle savait calculer la marche des épidémies comme celle des comètes, et ainsi elle connaissait à quel jour la peste violette devait prendre fin. Elle en usa de la façon suivante pour voler aux Romains le trésor de pierres précieuses enfermé dans le temple de Jupiter très bon et très grand; son stratagème et son larcin sont encore chantés dans les chansons de route que les hommes de notre sang glapissent et gutturent.

Deux jours avant le jour où la peste violette allait disparaître de Rome, le pontife maxime vit entrer chez lui une femme au teint d'orange, aux cheveux pareils à des grappes de raisin noir, aux yeux couleur de cuivre, aux dents de jeune louve, et qui lui dit d'une voix rauque :

— Je viens guérir ton peuple de la peste violette. Je suis la Thaumaturge. Je veux, pour prix de mon remède, toutes les gemmes qui sont dans le temple de votre dieu le plus riche. Acceptes-tu ce marché?

Le pontife maxime, en vieillard astucieux, répondit :

— Oui, j'accepte le marché ; mais tu n'auras le prix de ton remède qu'après la guérison de mon peuple.

N'étant pas moins astucieuse que lui, la Thaumaturge répliqua :

— Je veux être payée d'avance.

Car elle savait que les hommes des autres races sont toujours fourbes avec la race errante ; et elle était bien sûre que, la peste violette une fois terminée, on s'arrangerait pour ne pas acquitter la dette, ou pour égorger les nouveaux détenteurs du trésor.

Mais elle n'ignorait pas non plus que le pontife maxime avait besoin d'être convaincu, par une preuve certaine, de l'efficacité du remède. Aussi, lui dit-elle :

— Je veux être payée dès que je t'aurai fait voir si, oui ou non, je guéris la peste violette.

— Fais donc voir, repartit le prêtre.

Alors, elle le mena dans l'atrium d'une maison, aux Esquilies, et lui montra, couchés sur le sol, six pestiférés à diverses périodes de la maladie, l'un venant d'en être frappé, en train de se tordre dans les crampes du début, l'autre à l'état de torpide hébétude, le troisième parmi les déjections et les vomissures, le quatrième avec les aines et les aisselles grosses de bubons éclatés, le cinquième couvert d'anthrax charbonneux et de pustules en grangrène, le sixième à l'agonie, et tous marqués du stigmate suprême et sûr, de la terrible pourpre bleutée, pâle et métallique, hideusement violette.

— Tu les vois, fit-elle. Eh bien! je n'ai

qu'à leur souffler dans l'oreille le mot du charme que je sais, en langue nomade, et ils vont se lever, guéris.

Elle fit comme elle disait ; et tous, même l'agonisant, guéris, se levèrent.

Le pontife maxime était stupéfait. Néanmoins, le sachant plein de méfiance, la Thaumaturge ajouta :

— Retournons au temple, et, les pestiférés que nous trouverons sur le chemin, pareillement je les guérirai.

Six ils en rencontrèrent, gisant dans les rues, tous plus infects, plus affreux, plus nauséabonds les uns que les autres ; et aux six elle souffla dans l'oreille le mot du charme : et les six se levèrent, guéris.

Alors le pontife maxime n'eut plus le moindre doute. Il livra les clefs du trésor. La Thaumaturge fit venir douze hommes lui ressemblant, au teint d'orange, aux cheveux pareils à des grappes de raisin noir, aux yeux couleur de cuivre, aux dents de loup, à la voix rauque. Ils entassèrent dans des besaces de cuir toutes les gemmes accumulées là depuis des siècles ; et, après que la Thaumaturge eut guéri un treizième pestiféré en prononçant tout haut le mot du charme, les treize hommes et elle s'en allèrent.

— Dans deux jours, dit-elle au pontife en partant, dans deux jours seulement tu pourras te servir du mot.

Deux jours plus tard, la peste violette cessait à Rome. Le pontife maxime fit rechercher partout la Thaumaturge et ses compagnons. Mais les treize nomades, qui s'étaient si adroitement grimés en pestiférés, et la Thaumaturge leur reine, on ne put les retrouver jamais !

Le pontife maxime resta persuadé que l'emploi du mot magique avait réellement mis fin à la peste violette. Il inventa une belle aventure miraculeuse dans laquelle il se représentait recevant la visite du dieu Apollon déguisé en femme barbare, et lui achetant au prix du trésor jovien la possession du secret pour guérir la peste violette.

On inscrivit la chose, avec l'éloge versifié de la Thaumaturge, dans les annales pontificales du sacré collège. Et l'on ouvrit exprès les livres sibyllins, aux feuillets de bronze, pour y graver en lettres d'or le mot du charme, qui ne fut d'ailleurs compris par personne, surtout par le pontife maxime, et qui, traduit de la langue des nomades en langue latine, voulait dire simplement :

— Imbécile !

Telle est l'histoire de la peste violette et de la Thaumaturge par qui Rome en fut guérie, histoire dont j'ai raconté le début selon la grave version romaine, et dont j'ai plus allègrement narré la fin et le fin du fin selon la version que les hommes de notre sang glapissent et gutturent dans leurs chansons de route au rythme quadrupédant et aux rimes de cuivre tintinnabuleur.

# IV

# TRIOMPHE

# TRIOMPHE

---

C'est aujourd'hui qu'a eu lieu le triomphe de Publius Metellus Scaurus, consul pour la deuxième fois, honoré déjà de trois couronnes obsidionales, impérateur, célébrant sa victoire sur le terrible et jusqu'alors invaincu Smyrax, roi des Libyens, qui avait mis à un as de leur perte nos florissantes colonies de l'Afrique intérieure. Comme j'ai accoutumé de le faire en chaque précieuse occurrence où Rome offre à mes yeux un spectacle vraiment rare et digne, me semble-t-il, d'exciter l'admiration chez nos arrière-neveux les plus lointains, je vais consumer ma nuit à noter celui-ci pour eux, sans omettre aucun des détails que j'ai pu estimer intéressants, et j'y emploierai de mon mieux notre très claire, très pleine de suc et très sonore prose latine, seule capable de rendre des peintures pareilles avec la minutieuse exactitude qu'on y recherche et tout ensemble avec la grandiloquente majesté qui leur convient.

Je ne m'attarderai pas à décrire d'abord l'habituel préliminaire par quoi s'annonce dès le matin chaque fête romaine dans les quartiers populaires, à savoir l'affluence, aux carrefours, des petits marchands, bateleurs et charlatans de toutes sortes, que fait sourdre l'occasion d'une foule badaude et compacte, crieurs du programme, vendeurs de lupins frits, de vin au miel, d'eau fraîche, grallateurs gambadant sur des échasses velues, baladins dansant sur des outres, Gaditanes aux torsions lascives, jongleurs, équilibristes, hommes et femmes serpents, pétauristes envolés de leur haut perchoir, joueurs de gobelets, prestigiateurs, arétalogues et astrologues faisant commerce de philtres et de pronostics, avaleurs de glaives, montreurs de marionnettes, d'ours ou de singes, ludions épilés et glabres aux pantomimes obscènes, aulètes et citharistes ambulants, et bien d'autres encore, sans compter les innombrables mendiants, estropiés, aveugles, naufragés, portant le tableau de leur infortune, et enfin tout ce qui met à profit, en de telles journées, l'abondance et la bonne humeur de la plèbe.

Si je mentionne ces choses, c'est que je fus bien obligé de m'y mêler, pour aller voir à l'avance, en spectateur curieux des moindres détails, le chemin par où devait venir le cortège, depuis la porte triomphale jusqu'au Capitole ; et je n'ai point lieu de le regretter, ayant pu contempler ainsi les merveilles que présentaient aux regards les temples grands ouverts, tendus de verdure et de tapis, et tous les simulacres des dieux et des déesses, couronnés de feuilles, drapés d'étoffes multicolores et reliés les uns aux autres par des guirlandes de fleurs.

Des fleurs et de la verdure jonchaient aussi les gradins où je pris place, sur les échafauds dressés en forme d'amphithéâtre dans le forum ; et là, vêtu de blanc comme tous les citoyens de marque conviés à ces sièges d'honneur, je rendis grâce aux Immortels qui me permettaient d'assister en si belle posture à un si merveilleux spectacle, dont l'approche nous fut bientôt annoncée par une longue, lente et retentissante clangueur de trompettes, suivie d'un rauque appel de durs clairons, puis d'une clameur immense à croire que toutes les bouches de Rome entière criaient par la seule bouche d'un géant tonitruant.

Et le cortège alors, débouchant sur le forum, parut.

En tête, isolé au milieu d'un grand espace vide, marchait, ou plutôt titubait, sous la forme et le costume d'une vieille femme ivre, le mime étrusque chargé de représenter l'antique *Petreia*, dont la présence signifie que la gloire est une ivresse.

Ensuite venaient les sévères licteurs, un à un, portant chacun la hache dans un faisceau de verges, et tous le front ceint de laurier.

Ils précédaient le Sénat vénérable, pareil à une légion d'Olympiens, parmi lesquels on désignait du doigt et on acclamait les plus illustres, anciens consulaires, vainqueurs des guerres passées, orateurs aimés du peuple, descendants des familles dont l'origine se confond avec l'origine même de la ville, hommes en qui s'incarne la patrie, puisque par eux vit encore le sang des héros et des dieux qui l'ont fondée.

Suivaient les sonneurs de trompette et de clairon, dont les accents cuivrés alternaient avec le joyeux chant des joueurs de flûte; puis les victimaires, armés de massues et de coutelas, et qui conduisaient de blancs taureaux aux cornes dorées.

Après cette partie connue du spectacle arrivait la partie nouvelle, le vrai régal de la fête, ce qui faisait pousser les plus grands cris d'admiration et de surprise, le défilé des emblèmes spéciaux au triomphe présent, des dépouilles opimes, des animaux propres aux pays conquis, des vaincus chargés de chaînes.

De toutes parts on répétait :
— Moins vite ! Moins vite !

On voulait regarder à loisir, s'emplir les yeux de ces prestiges encore non goûtés, savourer l'étonnement causé par tant de choses qu'on voyait pour la première fois.

Sur des brancards portés par les esclaves publics, c'étaient les plans, en argent massif, des mystérieuses cités où les Libyens entassent leurs trésors, Taboucta la blanche, Gabira la souterraine, Zaripha aux quatre-vingts places, Chada au lac de sel, cités de par delà le désert ; c'étaient des tableaux de bois précieux représentant en peinture ce désert innomé, vaste mer aux flots de sable, et les forêt d'arbres énormes qui s'y élèvent comme des îles de verdure, et les montagnes de l'Afrique intérieure d'où coulent les grands fleuves pères de l'Océan des ténèbres ; c'étaient des armes étranges, en bois plus dur que du fer, et dont les pointes d'os étaient, au dire des inscriptions, trempées de poisons mortels ; c'étaient des blocs de cristal, des amoncellements d'ivoire, des tapis bariolés tissus en poils de dromadaire, des cuirs jaunes, verts, rouges ; c'étaient des fruits ignorés, ceux-ci par grappes de longs phallus noirâtres d'où s'égouttait une sorte de beurre végétal, ceux-là gros et ronds comme de petits melons et pleins d'un lait qui enivre ; c'étaient enfin des barres d'or et des corbeilles en sparterie regorgeant de gemmes.

Les lions et les panthères qu'on traînait dans les cages, les hippopotames et les éléphants que menaient des Numides assis sur le cou des vastes bêtes, firent surtout plaisir par leur quantité, car jamais on n'en avait compté autant à la fois ; mais ce qui charma davantage, ce fut le troupeau des dromadaires coureurs, couleur de neige, dont on avait entendu parler si souvent et que Rome n'avait point vus encore ; et ce qui stupéfia véritablement, ce fut le miracle de ces deux animaux aussi rares que la Chimère elle-même, une sorte d'oiseau colossal, dont l'œuf est comme une tête d'homme, et une sorte de cheval ou d'antilope, au col sans fin, qui broute, paraît-il, non en bas, mais en haut, non l'herbe, mais les arbres, et qui se nomme le caméléopard.

On en oubliait presque de regarder les hideux Libyens vaincus, si carrés d'épaules, si longs de bras, ventrus, avec leurs mollets maigres et tout près des jarrets, la tête laineuse, le nez écrasé, les lèvres bouffies et violettes, tout le corps, sauf la plante des pieds et la paume des mains, noir comme l'Érèbe ; et l'on ne se reprenait de curiosité que pour leur roi Smyrax, complètement rasé en signe d'esclavage, formidable encore sous ses chaînes, roulant des yeux sanguinolents et pleins d'éclairs, grinçant des dents, et pareil à quelque monstrueux singe dont on aurait brûlé le poil en lui carbonisant la peau.

Après de tels trophées et tant de fêtes pour les yeux, inutile de dire avec quel enthousiasme on accueillit enfin la venue du triomphateur.

Sur un quadrige d'ivoire attelé de quatre chevaux blancs, Publius Metellus Scaurus se tenait debout, vêtu de la trabée en pourpre à palmes d'or, une branche de laurier au poing droit, une tresse de laurier aux tempes, portant comme un esclave le large anneau de fer à l'index, et ayant comme un dieu le visage peint de vermillon.

Derrière lui un homme rasé et en loques suspendait sur le front du triomphateur, sans y toucher jamais, une couronne d'or, et ne cessait de lui répéter avec une voix glapissante :

— Souviens-toi que tu es un homme!

Et tout de suite après le quadrige, la

hache brandie d'une main, de l'autre tenant par le bout la trabée aux palmes d'or, marchait le bourreau.

En même temps, tandis qu'un groupe de légionnaires chantait les exploits de leur chef au refrain de *Io triompe, Io triompe*, un groupe plus nombreux couvrait le chant des panégyristes avec ces rudes vers fescennins :

> Quand Metellus a trop bu de vin,
> Il ne sait plus s'il est homme ou femme.
> Metellus a soumis Smyrax, oui, mais
> Il y en a qui, lui aussi, l'ont mis dessous.

Les soldats riaient, et la foule aussi, d'autant que la fin du cortège se composait, comme toujours en ces cérémonies, de *Manducus*, le monstre en toile gonflée, au visage grotesque, aux dents énormes, portant sur sa queue, à califourchon, le mime chargé de représenter *Citéria* ; et *Citéria*, habile, selon la coutume, à lancer des injures et des salacités, aboyait après tout le monde, criant aux uns et aux autres :

— Les tribuns ont des varices. Les légionnaires ont fourré leurs piques dans des culs de poix. L'impérateur a des figues entre les fesses. Rome est toujours sauvée par des bêtes; jadis par des oies; aujourd'hui par des cochons !

Et le cortège se termina dans la joie vociférante de mille gueules qui hurlaient :

—Cochons ! cochons ! cochons ! Io triompe pour les cochons, Io triompe !

# V

# LA MAISON D'UN HOMME HEUREUX

## LA MAISON

# D'UN HOMME HEUREUX

---

Quand le vieil affranchi Scyphros eut remis au fils de Griduleius Vibenna le testament paternel, voici le discours qu'il lui tint, avant de l'embarquer pour Rome :

— Ton père, ô Vibenna, a voulu que tu fusses élevé jusqu'à l'âge de vingt ans dans ce petit village de Numidie, afin d'y faire provision de force et de santé et de pouvoir alors savourer pleinement toutes les joies de la vie, grâce aux innombrables trésors qu'il t'a laissés en son héritage. A ces trésors il a joint un conseil suprême, ou plutôt un ordre, auquel tu ne manqueras pas de te conformer pieusement. Tu dois te rendre dans la Ville Éternelle, et y aller trouver Maccius Aruns, le Toscan marchand d'esclaves. Il a été depuis longtemps prévenu et payé par ton père et a mis tous ses soins à te préparer une maison d'homme heureux. Va donc, et que les vents te soient propices, ô jeune demi-dieu destiné à être le plus fortuné mortel de l'empire !

Et c'est aussi par ces mots que Griduleius Vibenna, débarqué à Rome, fut salué de Maccius Aruns lui disant :

— O le plus fortuné mortel de tout l'empire, rien n'a été négligé pour que les volontés de ton père fussent acomplies à la lettre. Je t'ai préparé, en effet, une maison d'homme heureux, telle que les Césars les plus puissants n'auront eux-mêmes jamais connu la pareille.

Comme Vibenna s'étonnait de ne point être reçu dans le palais merveilleux qu'il s'était imaginé, plein de riches ornements, de marbres, de bronzes, de tableaux, d'étoffes précieuses, parmi des jardins fleuris aux joyeuses cascatelles, Aruns lui répondit :

— Ton sage père, ô Vibenna, n'a pas eu dessein de t'imposer la forme même de ton bonheur. Il a pensé que tu aurais plaisir à en faire le choix selon tes propres goûts. Avec tout l'or que tu possèdes, il te sera facile d'acquérir ou de commander le palais qui te plaira et d'y varier le luxe à ta convenance. En me chargeant de te préparer une maison d'homme heureux, ton père entendait seulement que je susse recruter, selon les ressources de mon art, les esclaves propres à être les ministres de ton bonheur. C'est cela que j'ai fait, et de façon, je crois, à contenter ses mânes. Tu vas en juger par toi-même.

Il frappa dans ses mains, et, une portière s'étant soulevée, parut un gros homme, absolument chauve et glabre, vêtu de blanc, et qui parla ainsi :

— Je suis Napolitain, j'ai quarante ans,

et depuis ma plus tendre enfance j'étudie la cuisine et la cave. Je sais la composition de toutes les sauces, le degré exact de toutes les cuissons nécessaires à tous les aliments, le bouquet de tous les vins. J'ai inventé soixante-sept plats nouveaux. J'en inventerai d'autres encore. Je puis faire un repas où l'on mange depuis la première heure du jour jusqu'à la dernière heure de la nuit suivante sans que jamais l'appétit cesse d'être excité, même lorsqu'on est gavé à vomir, et je puis recommencer le lendemain à fournir un repas de qualité pareille composé de mets tous différents, et cela d'un bout de l'année à l'autre.

Le gros homme étant sorti, un maigre le remplaça, au teint fané rehaussé de fard et de vermillon, aux cheveux calamistrés, à l'allure molle, au corps tout nu reluisant d'onguents parfumés. Ses yeux avaient la couleur de la mer où chantent les sirènes. C'est d'une voix de flûte qu'il dit :

— J'ignore mon pays et mon âge, et

presque mon sexe ; car la nature et l'industrie d'un savant Ieno m'ont fait hermaphrodite. Ainsi j'ai pu apprendre, et comme homme et comme femme, tous les secrets de la volupté. Nul ne les enseigne aussi bien que moi. La vierge la plus pudique et l'adolescent le plus vertueux deviennent vite, à mes leçons, des monstres de débauche. Faut-il, pour jouir de leurs caresses, rallumer les désirs éteints, fût-ce chez un vieillard déjà refroidi par la mort prochaine, je connais des philtres toujours triomphants. Grâce à ces philtres et aux manœuvres ingénieuses que je professe, j'ai une fois changé un cadavre en Priape.

Comme il s'en allait, envoyant un baiser, entra un jeune homme, beau comme Apollon, la face illuminée d'enthousiasme, la marche rythmée, le geste éloquent. Il était drapé dans une robe de pourpre doublée d'azur. Sa main gauche portait une lyre que sa dextre frappait d'un plectre en or, et il déclamait ces vers :

— Je suis Athénien et j'ai vingt ans, et

toute la Grèce immortelle a son âme en moi. Avec la mesure et l'accent qui conviennent à chaque poète, je récite mélodieusement tous les vers divins d'Homère et d'Hésiode et des neuf grands lyriques, et, en m'écoutant, on oublie le vol des heures au noir plumage et l'on sent couler dans son cœur le doux népenthès et le suave nectar lui-même, en sorte que l'on vit dans un rêve perpétuel fleuri de musique et d'extase.

Un vieillard s'avançait maintenant, grave, le front haut, nu et ridé, la barbe longue, les regards lourds de pensée comme ceux de Jupiter assembleur de nuages. Il disait, lentement et tristement :

— Depuis si longtemps que je voyage par tous les pays à la recherche de la vérité, je ne sais plus quel est le mien ni combien d'années j'ai vécu. Il me semble que je n'ai jamais cessé d'être et que j'assiste éternellement à l'origine et à la fin des choses. Toutes les cosmogonies et toutes les philosophies, je les connais, et de toutes j'ai

extrait ce qu'on peut savoir, mêlant Épicure
à Zénon, Héraclite à Démocrite, les com-
plétant l'un par l'autre. Ainsi, aux instants
de réflexion où l'on descend en soi-même
pour tâcher ensuite de s'évader hors de soi,
j'explique d'où l'on vient, où l'on va, et le
pourquoi et le comment de l'existence, et
s'il y a des dieux, et si plutôt ce n'est pas
l'homme qui doit par sa propre force devenir
son propre dieu, ainsi que je le suis devenu,
moi qui ne suis pourtant qu'un esclave perdu
dans l'universel tout-coule.

Plus vieux encore que ce vieillard, mais
avec des yeux d'une extrême jeunesse,
presque enfantins, vint alors une sorte
de fou, à la démarche ivre, au verbe
extravagant, et qui allait sans regarder à
terre, les bras levés et priants, et qui criait :

— L'être qui est dans tous les êtres, et
que le monde exprime et appelle par des
noms impuissants, et que nul ne voit, je l'ai
vu, moi, et je le fais voir. Regardez ! Il vient.
Il va venir. Il est toujours celui qui va venir.

Dans les cryptes égyptiennes, son ombre a passé. Et par les temples détruits de Babylone il rôde. Et aux foyers qui flambent sur le sommet des montagnes de Perse, c'est lui qui resplendit. Et au fond de tout cœur humain vagit sa voix de mort qui veut renaître, qui va renaître. Il est toujours celui qui va renaître. Il est né, si je le veux, si tu le veux. Tu le voudras. Regarde! Regarde! Aux heures où apparaît le néant de tout, dans ce néant il se manifeste étant, prêt à être. Il est toujours celui qui va être. Viens vers lui, viens! Suis-moi!

Et le mystique se sauva en courant, les bras tendus, comme s'il allait étreindre son espoir, cependant que se présentait, avec des éclats de rire, un nain bossu qui glapissait :

— Je suis né à Suburre, ah! ah! d'une courtisane et d'un mime, hi! hi! et j'ai dans mes veines, en guise de sang, toute la boue de la Cloaque maxime. Ah! ah! ah! Mon esprit est pareil à mon corps, con-

trefait. Qui me voit et qui m'entend se
tord à mon image, la rate dilatée, eh! eh! eh!
J'improvise des épigrammes méchantes et
des bouffonneries venimeuses sur tous et
sur tout, hou! hou! hou! sur César en personne, sur les maladies dont on souffre, sur
les espoirs qu'on a, ah! ah! ah! sur les
dieux abolis, hi! hi! hi! et sur les dieux à
venir, et sur les joies aussi au moment même
qu'on y croit, ah! ah! et sur mon père le
comédien et sur ma mère la prostituée qui
sont les vrais symboles de la vie, hi! hi! hi!
aux jours nouveaux, oh! oh! oh! Et je ris,
je ris, je ris, hi! hi! hi! et tu riras, tu riras,
tu riras, ah! ah! ah! car, en vérité, tout
est ridicule, ah! ah! ah! ah! hi! hi! hi!

Vibenna cependant ne riait pas. Au contraire, des larmes lui montaient aux pau-
pières. Il comprenait ce que son père avait
voulu signifier sans doute, en lui faisant
élever ces singuliers esclaves et préparer si
étrangement une maison d'homme heureux.
Il comprenait qu'on lui faisait entendre ainsi

l'impossibilité du bonheur. Et, se tournant vers Maccius Aruns, il lui dit :

— O marchand d'esclaves, mon père était un sage, en effet, et ses leçons n'auront pas été perdues. Car c'est lui, n'est-ce pas, qui a dirigé ton choix et qui t'a commandé de me composer de la sorte une maison d'homme heureux ?

— Détrompe-toi, répondit le marchand d'esclaves. Ton père s'en est rapporté seulement à mon expérience. Le choix est mien.

— Tu es donc un grand philosophe, reprit Griduleius Vibenna, et tu es digne...

— Je ne suis digne de rien, répliqua Maccius Aruns, sinon de mon renom mérité comme recruteur d'esclaves.

Puis, souriant, il ajouta :

— Attends d'ailleurs la fin, avant de me faire des compliments. Tu te hâtes trop de comprendre, ô Vibenna, et l'on voit que tu es jeune. Trouves-tu donc que, composée ainsi, elle soit complète, ta maison d'homme heureux ?

— Oui, répondit tristement Griduleius Vibenna. Car j'entends ce que cette formule veut dire.

— Quoi, je te prie?

— Que l'homme ne peut pas être heureux.

— Erreur, fit le marchand d'esclaves. Attends un peu, te dis-je, et tu constateras que je n'ai pas volé l'argent de ton père et que je t'ai parfaitement préparé ce qu'il demandait pour toi.

Il frappa dans ses mains, et un dernier esclave entra, la mine féroce, le regard implacable, un glaive brandi au bout de son poing crispé.

— Qu'est-ce donc que celui-ci? interrogea Vibenna, en se reculant avec épouvante.

Maccius Aruns répondit d'un ton doux :

— C'est le plus rare joyau de ma collection, le vainqueur des jeux de la mort, le prince de l'amphithéâtre, le gladiateur qui n'a jamais manqué son homme. Pour l'attacher à ta maison, il m'a fallu dépenser le quart des trésors que t'a laissés ton sage père. Mais ni aux mânes de ton sage père ni à toi, j'en suis sûr, la dépense ne semblera excessive, quand tu auras interrogé cet esclave sur ce qu'il peut faire pour que tu sois heureux.

— Que peux-tu donc faire? demanda le jeune homme.

Et le gladiateur répondit, d'une voix claire et haute:

— Sans que tu souffres, d'un seul coup, d'un coup bref, éblouissant et beau, je peux te délivrer de la vie, ô homme heureux.

# VI

# UN RETRAITÉ

# UN RETRAITÉ

Je n'ai certes pas, moi, Furius Albinovanus Labeo, ancien centurion à la deuxième légion belgique, et présentement chef de municipe à la colonie d'Héricium en Taxandrie, la prétention d'être un écrivain pouvant enrichir le trésor des lettres latines. Je suis, néanmoins, assez fier de mes œuvres poétiques pour tenir à ce qu'elles ne soient pas perdues, et je me décide donc à en faire la copie suivante, sur des rouleaux de peau tannée qui servent ici de papyrus.

Mais je dirai d'abord, en guise de préface

quels ont été ma vie et mes goûts, et à quoi j'occupe les loisirs de ma retraite, afin de bien établir que cette publication n'a point pour cause une vanité ridicule et doit, au contraire, me faire honneur, comme une indubitable preuve de l'amour que je porte à Rome et à la gloire romaine.

J'ai combattu pendant vingt-huit années contre les Barbares, principalement contre les Bataves et les Francs, guerriers nombreux et terribles, que nos efforts ont enfin pu maîtriser, arrêtant le flux toujours renouvelé de leurs invasions, et parmi lesquels nous sommes maintenant fixés à demeure, en solides colonies destinées à policer leurs mœurs farouches après que nos légions ont vaincu leurs courages indomptables.

Or, pendant les rudes hivernages de ces campagnes, je n'avais pour délassements que deux choses : ma curiosité touchant l'art culinaire et l'arboriculture, et ma passion pour la poésie, notamment pour celle d'Horatius Flaccus, le divin Flaccus, que je considère comme le prince des poètes latins.

Pourquoi ma curiosité se piquait-elle surtout à l'art culinaire et à l'arboriculture? C'est ce que je ne saurais dire d'une façon exacte. Peut-être en faut-il chercher la raison précisément en ceci : que notre nourriture était fort grossière et que nous vivions dans un pays tout à fait inculte, aux forêts sauvages et sans aucun fruit comestible. Tant il est vrai que l'on chérit surtout et éperdument ce que l'on n'a pas! Il est juste de faire observer que, parmi les très rares livres dont se composait la très pauvre bibliothèque de notre général Publius Scævola Sextus, livres qu'il voulait bien me prêter, se trouvaient deux recueils anonymes, l'un sur les mets célèbres et les diverses recettes pour les condimenter, l'autre sur le jardinage. Par désir de ce que je n'avais pas, ou par pénurie d'autres lectures, toujours est-il que je me pris d'un amour singulier et exclusif pour l'art culinaire et pour l'arboriculture, au point de savoir bientôt par cœur les deux recueils.

Quant à ma passion pour la poésie et en particulier pour Flaccus, je l'ai toujours eue, et je ne pense pas qu'il soit besoin d'en chercher les motifs. Se demande-t-on pourquoi l'on se délecte au bon vin, aux caresses d'une belle femme ou d'un joli mignon, et à la lumière du soleil ?

Grâce à ces deux délassements, de la poésie et de ma curiosité, les rudes hivernages m'ont paru très doux pendant mes vingt-huit années de campagnes ; et l'on comprendra combien ils le furent, quand j'aurai ajouté que je fis des deux délassements une aimable combinaison, par l'ingénieuse idée que j'eus de mettre en vers les trésors d'érudition des deux recueils. C'est ainsi que j'ai peu à peu composé le présent volume, où les arcanes de l'œuvre culinaire et les mystères de l'arboriculture sont réduits au mètre poétique, tantôt sous la forme familière de satires et d'épîtres en style courant, tantôt sous la forme lyrique d'odes au rythme savant et au verbe précieux, et toujours d'après les parfaits modèles de mon cher Horatius Flaccus.

Or, une fois le livre mis au point, je me pris à penser que mon devoir était d'en faire profiter non seulement mes concitoyens, mais aussi les Barbares que j'étais chargé de policer. Nous leur avions déjà fait sentir par nos armes la gloire romaine. Je crus que je la leur rendrais plus manifeste encore en leur apprenant jusqu'où nous avions poussé le raffinement des arts et des sciences, et cela dans des matières aussi spéciales que la cuisine et le jardinage.

Quoi de plus étonnant pour eux, en effet, et de plus propre à leur prouver notre grandeur, que mes épîtres, par exemple, sur les noix, les pommes, les poires, les figues et les raisins, ou ma satire sur les merveilles de la table, ou ma suite d'odelettes sur l'origine des mets et des vins les plus célèbres? N'y a-t-il pas là de quoi les confondre d'admiration? Moi-même, souvent, je demeure stupéfait des richesses que je chante.

Dire que nous connaissons, cultivons, et qu'on mange à Rome tant d'espèces de fruits si variées, si rares, les noix juglandes, avellanes, châtaignes, pontiques, amygdales, mollusques, térentines ; les pommes amérines, cotonneuses, citrines, orbiculées, grenades, struthiums, vérianes, quirianes, mattianes, scandianes, scantianes, de Mélos, de Tibur, pannucées et coccymèles ; les poires de Lanuvinum, d'Antium, de Milet, de Tarente, valérianes, turrinianes, sextilianes, titianes, fullianes, névianes, précianes, latérésianes, cirrites, cervisques, laurées, cucurbitives, murapies, rubiles, volèmes, doyennés et crustumines ; les figues blanches, noires, violettes, dorées, de Carie, de Chio, de Chalcide, de Lydie, de Numidie, des Marses, tellanes, herculanes, pompéianes, augustes, palusques, harundinées, asinastres; les raisins de Rhodes, de Numente, aminéens, pranniens, maroniens, vénucules, varioles, lagées, atrusques, asinusques, albivères, pilléolés, mélampsythes et bummamesques!

Dire qu'en un seul repas, à Rome, on peut voir défiler les mets suivants : oursins, huîtres, sphondyles, palourdes, grives, asperges, poularde sur un hachis de coquillages cuits, glands de mer noirs et blancs et glycomarides, becfigues, côtelettes de chevreuil et râble de sanglier, pâté de murex et de pourpres, tétines de truie en croûte, canard et sarcelle bouillis, lièvre farci, escargots engraissés roulés dans des pains de Picénum!

Mais je m'arrête, voulant laisser au lecteur le plaisir de savourer lui-même toutes ces merveilles dans mes vers, et je reviens à mon propos, savoir que rien ne me paraissait valoir la révélation de ces merveilles pour faire aimer à nos Barbares la grandeur romaine. Et de là naquit mon désir d'instruire les gens de mon municipe dans la langue latine, afin qu'ils pussent connaître mes vers, et en apprécier tout à la fois la forme pure et la matière savante.

Et c'est pourquoi à mes poèmes j'ai joint, pour terminer le livre, un lexique où j'essaye de translater nos vocables dans la grossière langue des Francs. Sans doute, il sera besoin de plusieurs générations pour que ces épais cerveaux s'assimilent notre trésor verbal, et pour que leurs rudes gosiers s'assouplissent à la musique de nos syllabes chantantes. Mais je ne désespère pas d'en voir quelques-uns, même de mon vivant, y arriver. J'aurai ainsi des lecteurs qui rendront plus tard témoignage de mon génie; et peut-être un jour viendra-t-il où la colonie d'Héricium en Taxandrie aura son Flaccus en la personne de Furius Albinovanus Labeo, ancien centurion à la deuxième légion belgique.

En attendant, pour hâter chez les gens de mon municipe l'éclosion de ce beau jour,

pour leur apprendre notre langue et les
rendre dignes de la goûter dans mes œuvres, pour occuper les loisirs du temps qui
me reste à vivre, et aussi pour payer à mon
maître le juste tribut d'hommages que lui
doit ma gratitude, j'ai entrepris de mettre à
la portée de nos Barbares le divin Horatius
Flaccus, prince des poètes latins; et, si mes
vers à moi, trop imparfaits, ne méritent
point de passer à la postérité, ajoutant mon
nom à la liste de ceux qui font la gloire des
lettres romaines, j'aurai du moins le mérite
d'avoir fait aimer à des étrangers mon cher
patron, et rien ne pourra m'enlever le rare
honneur d'avoir été le premier centurion
retraité qui ait traduit Horatius Flaccus dans
la langue des Francs.

# VII

# AU COCHON ROUGE

# AU COCHON ROUGE

---

Quoique située tout en haut de Suburre, la vieille popine du *Cochon rouge* n'est pas une de ces mauvaises gargotes faubouriennes, tenues par un empoisonneur sans vergogne pour des clients sans aveu, et fréquentées par de la plébécule gloutonnement friande de fritons à l'huile rance et se soûlant de vin sabin qui fait roter aigre. C'est, au contraire, une maison respectable, à la cuisine et à la cave respectables, dont les patrons sont respectables, et dont les familiers enfin et surtout sont respectables, puisque j'en suis, moi, Pamphilidès l'Alexandrin, scribe et tachygraphe du grand avocat Furius Laberius Macer, notre moderne Tullius et la gloire du barreau romain.

A coup sûr, la gourmandise est une des causes, et sans doute la principale, de ma fidélité au *Cochon rouge*, et je n'ai pas honte d'y être attiré par son incomparable cécube au fromage râpé, par ses merveilleuses saucisses au cumin, par ses uniques boudins au raisin de Corinthe, et, en particulier, par ses prestigieuses tripes farcies d'oignons et de champignons, mets divin, miraculeux et ambrosiaque, dont le secret magique est connu seulement du bon popinier Glabirax et de sa charmante femme Mammula. Je serais donc un habitué du *Cochon rouge*, même si je n'y devais trouver que ces délices de gueule. Mais je m'y plais aussi à d'autres délices, dont le précieux régal est offert à mon esprit par la conversation des amis que je rencontre là, conversation légère, agréable, à bâtons rompus, tout à fait propre à me délasser de mes graves travaux, quand j'ai passé la journée entière le nez sur mes tablettes, notant par le menu des discussions d'affaires aux chiffres embrouillés, ou emprisonnant dans les mailles de mes signes rapides les torrents d'éloquence de mon maître.

Aussi, par reconnaissance du plaisir que me donne cette conversation, je me suis amusé l'autre soir à me servir de mon talent en tachygraphie pour prendre au vol, pendant quelques instants, l'essaim tourbillonnant des paroles qui bourdonnaient autour de moi, et je vais ici leur faire l'honneur de les transcrire.

Afin que le tableau de la conversation reproduite soit bien vivant à ceux qui la liront, voici d'abord les noms des personnes qui parlaient, avec un portrait succinct de chacune d'elles, noms dont je ferai ensuite précéder les phrases dites, ainsi qu'il est d'usage dans la copie des pièces de théâtre.

Glabirax, le popinier, homme énorme à

ventre en outre et à triple menton, crâne chauve, petits yeux rieurs, voix de flûte.

Mammula, sa femme, Campanienne, jolie, mais âpre au gain, coléreuse et le verbe rauque.

Proculus, grammairien et poète, vieux, sec, au visage de buis, aux grands gestes, à l'organe de stentor.

Maccius, marchand de meubles, homme entre deux âges, doux, neutre, s'écoutant un peu trop parler.

Phileros, teneur de livres chez le banquier Pausanias, esprit subtil, connaisseur en objets d'art, à la fois gras et sanguin, aux emportements subits, criant fort.

Bucco, fils d'Aurelianus Bucco le bestiaire, lui-même négociant en bêtes fauves et dont la boutique est déjà très connue au *Marché des prodiges de la nature;* homme jeune, violent, très expert aux choses de l'amphithéâtre; corps athlétique, face blême, poil roux.

Adrastès, le libitinaire, sous-chef au bureau central des pompes funèbres, le plus instruit de nous tous, après moi ; grand, gros ; jovial comme il sied à quelqu'un que sa profession oblige d'être triste quand il est en fonctions.

Glycon, le mignon d'Adrastès, adolescent dont la piquante beauté physique n'a d'égale que celle de son esprit, orné par tous les raffinements d'une éducation de luxe, et malicieux comme une grimace de singe.

Et maintenant, voici un fragment de leur causerie, fragment non choisi, mais intercepté au hasard entre deux chants de la clepsydre qui chante tous les demi-quarts d'heure à la popine du *Cochon rouge*.

### MACCIUS

C'est un édile de malheur, qui ne vaut pas trois figues pourries, et qui vous gratterait le vernis jusqu'au bois, pourvu qu'il en pût tirer un as coupé en quatre.

#### MAMMULA

A qui le dis-tu ? Il nous égorge. Mais quoi d'étonnant ? Ne passe-t-il pas pour avoir été loup, une nuit qu'il avait posé sa toge par terre et qu'il en avait fait le tour, en prononçant des paroles faites pour Hécate ?

#### ADRASTÈS

Et en pissant sur un rythme impair, comme l'exigent les rites thessaliens.

#### BUCCO

Qu'il soit loup et vous mange, c'est bien fait ! Cela n'arriverait pas si l'on avait plus de sang sous les ongles. Mais, aujourd'hui, on ne voit plus que des foies blancs, par Hercule ! et le courage ressemble à la queue du veau, qui va en s'amincissant.

#### GLYCON

Par Pollux, elle a joliment raison !

#### PROCULUS

Et moi, je soutiens qu'elle a tort et je suis prêt à le prouver en improvisant là-dessus une douzaine d'hendécasyllabes bilbilitiens. Oyez plutôt !

#### BUCCO

Mais, pour parler ainsi, as-tu vu seulement les ignobles gladiateurs que nous a fournis aux derniers jeux ce pingre de Publius Pansa ?

#### PHILEROS

Ignobles, en effet ! Des hoplomaques à un sesterce la pièce ! Un myrmillon boiteux ! On l'eût jeté par terre en éternuant dessus. Il a fallu le fouetter pour le faire battre.

#### GLABIRAX

Comme des œufs, alors, pour en faire une omelette?

### GLYCON

Voilà un spectacle qui t'aurait plu, Adrastès.

### ADRASTÈS

Sans doute, mignon, puisque l'idée seule t'en égaye. Mais pourquoi ris-tu, avec un regard qui a l'air frisé ?

### MACCIUS

Dis donc, Adrastès, où prends-tu qu'on puisse avoir des yeux passés au calamistre ?

### PHILEROS

Et n'en as-tu pas, toi, quelquefois, qui ont mal au ventre ? Tout à l'heure, par exemple, quand tu te plaignais de l'édile, n'étais-tu pas prêt à pleurer, comme si tes yeux allaient se fondre en flux de coliques molles ?

#### MAMMULA

Je sais un remède contre le dévoiement. C'est une décoction d'écorce de grenade et de bourgeons de sapin au vinaigre. N'est-ce pas, Glabirax?

#### GLABIRAX

Je ne suis point pharmacopole, mais cuisinier.

#### ADRASTÈS

Et tu n'as pas tort, Glabirax; car tu es le César des cuisiniers, l'Apollon de la saucisse et du boudin, le Jupiter des tripes à l'oignon.

#### BUCCO

Et aux champignons, par Hercule, et aux champignons surtout! L'oignon n'est rien. Le champignon est tout.

#### PROCULUS

J'en ferai une épigramme.

### ADRASTÈS

Puisque tu cherches toujours des sujets de poème, je vais t'en donner un. Demande à Glabirax le nom et la patrie des mets les plus célèbres, et mets sa réponse en vers.

### GLYCON

Moi, si vous voulez, je la mettrai en gestes, tout nu, et mimant les choses avec des tordions à la gaditane.

### ADRASTÈS

Pas ici, mignon, je t'en prie. A la maison !

### BUCCO

Nous ne sommes donc pas tes amis, Adrastès ?

### ADRASTÈS

Si, mais jusqu'à la gueule, seulement, et pas plus bas.

#### PHILEROS

Laissez donc la parole à Glabirax; car ce que vous jacassez ne vaut pas un poil de chien mort. Glabirax, dis-nous, de ta voix douce comme un chalumeau de Bérécynthe, dis-nous le nom et la patrie des mets les plus célèbres.

#### MAMMULA

Vous voulez donc vous moquer de lui? Vous tympanisez à ses dépens sur sa courge. Tais-toi, Glabirax!

#### BUCCO

Parle, Glabirax, et dépêche-toi; car, à t'attendre si longtemps, je sue des épingles.

#### GLABIRAX

Je parlerai donc. Les mets les plus célèbres sont : le gland d'Espagne, le champignon d'Edepsus, l'amande de Thasos, la datte d'Égypte, le chou cisalpin, le chevreau d'Ambracie, le porc rouge des trois lacs, la grue de Mélos, la perdrix gauloise, le francolin de Phrygie, le paon de Samos, le sarget de Cilicie, la murène de Tartesse, l'esturgeon de Rhodes, la morue de Pessinonte, le pétoncle de Chio et l'huître de Tarente.

### TOUS

A la bonne heure! Oui! Oui!

### ADRASTÈS

Pourquoi ne cries-tu pas oui avec nous, mignon?

### GLYCON

C'est que je trouve une erreur dans sa nomenclature.

### TOUS

Quelle? Quelle? Une erreur! Dis-la.

### GLYCON

J'estime qu'au-dessus du gland d'Espagne...

Ici la clepsydre chanta, et j'interrompis ma notation tachygraphique. Que Glycon et le dieu des jardins me le pardonnent !

# VIII

# LÈ BRIGAND BULLA

# LE BRIGAND BULLA

---

Ayant eu l'occasion de connaître le fameux brigand Bulla, et lui étant redevable de la vie dans cette occasion, je veux lui en témoigner à ma manière ma gratitude, et c'est pourquoi, pauvre grammairien dont l'unique richesse est l'élégance d'un style cher aux gens de goût, j'emploierai ici toute l'élégance de ce style à sertir savamment, aux ciselures d'une prose durable, ces pierres précieuses de son histoire, à savoir sa généalogie, d'une infamie glorieuse, quelques-uns de ses exploits merveilleux, sa rare générosité envers moi, et enfin par quel trait d'héroïque férocité il obtint l'extraordinaire fortune où vient de s'achever, au port d'un bonheur désormais calme et sûr, l'incertaine et inquiète traversée de son existence orageuse.

On sait peu de chose touchant le père et le grand-père de Bulla, brigands comme lui, et sans doute extrêmement braves, ainsi que l'exige cette périlleuse profession, mais dont la carrière demeura obscure, ne laissant aucune trace dans les fastes du brigandage. Tout ce que j'en puis dire, c'est que le père mourut les armes à la main et le grand-père en croix. Fait plus digne de remarque, la mère de Bulla mourut aussi les armes à la main, ayant continué, après le trépas de son mari, à commander la bande qu'il avait formée. Mais le plus illustre membre de la famille avait été Félix Bulla, le bisaïeul du nôtre, brigand capable d'être un général d'armée, puisqu'il avait su, au temps de l'empereur Septime Sévère, exercer sa profession en pleine Italie, à la tête de six cents larrons, et tenir ainsi campagne pendant deux années entières, à la façon d'un véritable Hannibal, contre des troupes de légionnaires impuissantes à la vaincre.

Certes, il serait difficile que de pareils exploits se renouvelassent aujourd'hui, sous le sage et avisé César qui tient les rênes de l'empire, et qui, particulièrement passionné pour la police des routes, a mis sa gloire à être appelé le père des voyageurs. D'autant plus admirable brigand se montra notre Bulla, qui, cependant, malgré tant d'obstacles s'opposant à l'éclosion de son génie, trouva moyen de le faire épanouir au cours des cinq années consécutives où il fut la terreur de l'Italie méridionale, n'ayant pour soutenir son entreprise qu'une poignée de braves, vingt hommes quand sa bande était au complet.

C'est avec cette poignée de braves, en effet, qu'il enleva le sénateur Minutius Rufus de son palais de Baïes, palais habité par plus de cent esclaves. C'est avec cette poignée de braves qu'il rançonna, dans les bois cdepsiens, le convoi transportant à Rome tout le trésor d'orfèvrerie grecque acheté à Corinthe par Quinta Metella, convoi auquel l'empereur avait accordé comme escorte presque une demi-cohorte de prétoriens. C'est avec cette poignée de braves, enfin, qu'il avait, une nuit, osé pénétrer à Rome même, et y piller le temple d'Isis derrière lequel se trouve le poste le plus important de la garde urbaine.

Et c'est aussi avec cette poignée de braves qu'il nous attaqua, ouvertement et de jour, nous, la maison entière de Maccius Furius Pansa, ancien préteur, homme consulaire, faisant en Campanie un voyage d'agrément pour lequel avaient été prises toutes les précautions imaginables.

Songez, en effet, que le train du voyage comportait douze carrosses, traînés chacun par quatre mules, plus six grands chariots de bagages, attelés chacun de cinq chevaux gaulois; que parmi ces carrosses il s'en trouvait deux pareils à de véritables chambres roulantes, contenant des lits, des tables pour jouer aux dés et des bibliothèques de format spécial pour ces genres de déplacements; songez au grand nombre de serviteurs qu'exigeait un pareil train; ajoutez-y une avant-garde de piqueurs numides chargés d'éclairer la route; faites état surtout de ceci, que le cortège était défendu par un manipule de gladiateurs émérites, et proclamez maintenant avec moi que Bulla n'était pas un fanfaron en se proclamant lui-même l'empereur des brigands, puisque à la tête de ses vingt hommes, à la lumière du soleil, sans ruse ni guet-apens, il mit en déroute le manipule de gladiateurs, massacra plus de quarante esclaves, s'empara des carrosses, et emmena en captivité dans la montagne Maccius Furius Pansa et sept de ses amis, dont j'étais.

Qu'il fît don de la vie à Pansa et à ses amis, hommes opulents dont il espérait tirer une grosse rançon, c'était tout naturel. Mais il n'en allait pas de même pour moi, pauvre grammairien à la toge misérable, et pour mon Giton Clitias, petit page recommandable par sa seule gentillesse et par son joli visage, que je lui faisais garder du grand air sous un masque en pâte rose. Et cependant Bulla, touché sans doute de nous voir si amoureux, nous rendit la liberté. Il faut croire qu'il avait un cœur tendre, en dépit de ses apparences; et cela est resté un de mes étonnements, qu'il ait pu l'avoir si tendre, avec son corps trapu, velu, au col de taureau, aux bras de singe, aux jambes torses de dogue, avec ses poings monstrueux, avec son farouche visage casqué d'une noire chevelure hirsute, barbu jusqu'aux yeux, et surtout avec ses yeux de bête fauve, ses yeux à la fois très pâles et injectés de sang, et dont le regard insoutenable évoquait l'idée d'un éclair blanc dans des nuages rouges.

C'est six mois après cette aventure que Bulla, trahi par sa maîtresse, enivré d'un vin au pavot, fut capturé. Cette femme, une louve qu'il avait enlevée de Suburre, se vengeait ainsi d'avoir été ensuite abandonnée par lui ; car la cruelle bravoure de Bulla n'avait d'égale que son insatiable salacité, au point qu'il risquait souvent les plus audacieuses entreprises pour satisfaire son goût du viol. Et c'est au cours d'une entreprise de ce genre que la louve, de complicité avec une femme violée, avait endormi, puis fait prendre le brigand.

Mais les dieux veillaient sur lui, et en particulier Phœbus et Vénus : Phœbus, parce que Bulla s'était montré bon pour un grammairien ; Vénus, parce qu'il avait été tendre envers un couple d'amoureux, et aussi parce qu'elle chérissait un si frénétique violeur. Grâce à cette double protection, Bulla, au lieu d'être condamné aux fourches, fut voué aux bêtes ; et ce qui semblait devoir être, pour lui, un plus épouvantable supplice, devint, au contraire, son salut et l'origine de son extraordinaire fortune.

J'étais dans la loge de Fulvia Griduleia le jour où le brigand fut livré aux bêtes, avec un groupe de quatorze autres condamnés, parmi lesquels trois larrons seulement comme lui, le reste étant composé de chrétiens des deux sexes.

Quoique les victimes fussent peu nombreuses, et peu intéressantes à cause des chrétiens, le spectacle promettait d'être beau quand même, grâce à la présence des trois larrons, hommes déterminés, et surtout grâce à celle de Bulla, aussi féroce que les fauves qui allaient le dévorer. Ces fauves, d'ailleurs, étaient annoncés comme de formidables et énormes lions de Libye, de ceux à crinière noire, qui passent pour les plus sanguinaires de tous. Ils étaient cinq seulement, mais on les avait gardés à jeun depuis deux jours; et d'avance, pendant qu'ils étaient encore captifs dans leurs caves, on entendait rugir leur terrible faim qui remplissait l'amphithéâtre d'un roulant, continu et majestueux tonnerre.

Aussitôt que parurent les lions, les onze chrétiens se jetèrent lâchement à genoux, feignant de prier leur Dieu, mais essayant, en réalité, de fléchir, par leur vile attitude de suppliants, leurs bourreaux aux gueules menaçantes. Et, comme la lâcheté est contagieuse, les trois larrons, soudain amollis, en firent autant.

Mais Bulla, les yeux flamboyants de colère, l'écume aux lèvres, les poings brandis, se précipita furieux parmi ce troupeau tremblant et se mit à étrangler quelques-uns de ces misérables, comme s'il voulait ravir aux lions leur proie. Puis, tandis que les fauves bondissaient sur les autres condamnés, il se rua vers une chrétienne, jeune fille d'une beauté merveilleuse, la coucha dans l'arène et entreprit de la violer.

Tout l'amphithéâtre fut debout, acclamant le courage inouï de ce héros qui, en un pareil moment, pouvait songer aux choses de l'amour.

Et les lions eux-mêmes en demeurèrent stupéfaits, miraculeusement domptés par la puissance de Vénus.

Un d'entre eux, s'étant approché du couple assez pour que son souffle vînt effleurer le dos de Bulla, le brigand tourna la tête lentement et l'injuria d'un grand cri. Un instant, ils demeurèrent face à face, tous deux égaux par leur noire crinière, leur formidable mufle aux babines retroussées, leur regard fulgurant. Et ce fut le lion finalement qui eut peur, tandis que Bulla continuait avec sérénité sa besogne.

Alors, l'enthousiasme des spectateurs devint un ouragan de clameurs en faveur du brigand; d'une voix unanime, tout l'amphithéâtre demanda sa grâce; l'empereur fit signe en souriant qu'il l'accordait; les belluaires chassèrent les lions, la gueule chargée de leur butin sanglant, et Bulla fut mis en liberté.

Une heure plus tard, il était à table avec nous chez Fulvia Griduleia; et, le lendemain, un sénatus-consulte, rendu sur l'ordre de César, permettait à Fulvia Griduleia, veuve du consul Pertinax, patricienne, alliée à la famille impériale, d'épouser le brigand dont elle était éperdument éprise, et d'en faire cet homme heureux, riche, puissant, patricien, sénateur, qui s'appelle aujourd'hui, par adoption et par mariage, Fulvius Griduleius Bulla, futur consul, petit-cousin de César, et mon délicieux patron.

# IX

# LES COURSES

# LES COURSES

Laissons grogner les stoïciens au crâne chauve et au menton trop barbu, buveurs d'eau vinaigrée qui leur donne d'aigres rots! Laissons-les dire que la corruption des mœurs publiques et privées a fait de Rome la Cloaque maxime du monde! Laissons déclamer aussi les prétendus vieux Quirites qui n'ont, des vieux Quirites, que les sourcils en broussailles et les jambes bossuées de varices! Laissons-les catoniser contre les sectes nouvelles en train de ronger par la base le culte des anciens dieux protecteurs de notre gloire, et scipioniser contre les Barbares en train de dévorer peu à peu les frontières de l'empire ! Laissons tous ces oiseaux de sinistre augure croasser que les destins de la Ville-aux-Sept-Collines sont enfin près de toucher à leur terme ! Laissons-les faire, et vivons ! Car les oracles sibyllins nous assurent l'éternité, car les Barbares sont loin, car les mœurs sont ce qu'elles ont toujours été, car les dieux nous aiment encore, car l'empire tient bon malgré tout, car Rome enfin ne cessera jamais d'être Rome, tant qu'il y demeurera le Grand Cirque, construit par Jules César, reconstruit par Néron, embelli par Titus, restauré par Domitien, achevé par Trajan, et dans lequel les courses se donnent aujourd'hui devant trois cent quatre-vingt-cinq mille spectateurs.

Par Epone, déesse des chevaux, ne suffit-il pas à notre gloire, cet art des courses dont s'enthousiasme le peuple tout entier, depuis les plus hautes classes jusqu'aux derniers gueux de la plus humble plébécule ; cet art merveilleux qui a compté au nombre, non seulement de ses amateurs, mais de ses pratiquants, des empereurs en personne ; cet art que préférèrent à tous les autres un Caligula, un Néron, un Vitellius, un Lucius Vérus, un Commode, un Caracalla, un Domitien, un Héliogabale ? A-t-on oublié quel prestige lui donnent des faits historiques comme ceux-ci, par exemple : Vitellius servant, dans sa jeunesse, au pansage dans les écuries du parti des bleus ; Caligula faisant un cadeau de deux millions de sesterces au cocher Eutychès, du parti des verts ; le même Caligula voulant nommer consul son étalon Incitatus ; le cocher Hieroclès devenu le mari du divin Héliogabale ? Enfin, n'aurais-je pas raison de dire que, pour nier la grandeur des courses, il faut être véritablement aveugle, puisque le Grand Cirque est à lui seul grand comme une ville, et puisque Rome possède près de douze cents statues représentant des cochers du Cirque ?

O grandeur des courses ! Et leurs délices, et leur enivrement, et les splendeurs d'un pareil spectacle, et les charmes sans nombre qui en sont les prémices ou l'accompagnement ! Qui pourrait vous dépeindre, à moins d'avoir tout à la fois le souffle épique du vieil Ennius, et la grâce descriptive de Vergilius Maro, et l'abondance d'Ovidius Naso, et la précision de Manilius, et l'esprit de Martialis ? Et cependant, ô suaves et farouches plaisirs, qui peut vous avoir goûtés sans avoir envie de vous dépeindre ?

Dès l'arrivée au Cirque, aux abords même, sous le vestibule à corridors en arcades, c'est déjà la fête et la joie, dans la foule grouillante, tumultueuse, qui se bouscule devant les popines fumantes de friture, les comptoirs de marchands de vin, les acrobates faisant des tours de force et d'adresse, les astrologues et les sorciers vendeurs de pronostics, les lupanars volants garnis de Syriennes provocantes, les danseuses gaditanes jouant de la croupe et du ventre au cliquetis des crotales et au ronflement des tambourins. Ah! comme ils mentent, ceux qui affirment qu'on néglige les anciens dieux! Ils n'ont qu'à venir ici pour voir avec quelle ferveur on y sacrifie à Bacchus, à Cérès, à Vénus et au rouge enfant de Lampsaque!

Mais nous voici dans le Cirque, où l'on a pénétré sans peine, malgré la multitude des arrivants, grâce à tant de vomitoires savamment aménagés. Quel immense fourmillement de têtes sur ces gradins en amphithéâtre dont les derniers touchent le ciel! Dans la lumière tamisée par le velarium couleur de safran, on dirait une corbeille de fleurs humaines disposées en forme de cratère. Et de ce cratère jaillissent des rires, des cris, des chansons, des appels en explosions continues, bourdonnantes et crépitantes, qui s'enflent soudain et éclatent comme une fanfare de trompettes lorsque des consulaires, ou les Vestales, ou tel mime célèbre, ou telle courtisane admirablement belle font leur entrée, et surtout quand César prend place dans sa loge, où sa splendeur flamboyante de pierreries semble le soleil descendu sur terre.

Et dire que tous ces bruits s'apaisent, d'abord en un sourd grondement pareil au lointain fracas de la mer, puis bientôt en un murmure léger, et enfin dans un profond silence ne laissant plus entendre que les battements de tant de cœurs, dès que l'on voit apparaître, au balcon dominant l'entrée principale, le président des courses qui va jeter dans l'arène le sudarium blanc, signal solennel du départ ! Oh ! comme alors tous les visages sont graves, tous les corps tendus dans une attitude immobile de statues, tous les regards fixés sur les barrières derrière lesquelles piaffent les attelages impatients ! La voilà, la concorde entre citoyens, la concorde parfaite où trois cent quatre-vingt-cinq mille âmes se fondent pour devenir une seule âme, l'âme même de Rome !

Et, brusquement, le sudarium a pris son vol, les verrous ont grincé, les barrières se sont décloses, les quadriges ont jailli dans l'espace ouvert, et avec eux, d'un jaillissement pareil, a éclaté la clameur unanime de tout le peuple saluant les concurrents, ces héros, ces dieux, les sublimes cochers.

Seuls, les philosophes ou les pontifes, habiles à percer les arcanes des choses, pourraient dire ce que signifient les couleurs des factions, pourquoi, dans l'origine, il n'y avait que la blanche et la rouge, quand et par quel mystère on y joignit la verte et la bleue, comment Domitien essaya vainement d'y ajouter la pourpre et la dorée, et quelle loi du destin a voulu finalement qu'il n'en demeurât que deux, la verte représentant la terre, et la bleue où se fi····e le ciel. Quant à moi, je ne sais qu'une chose : c'est que, frénétiquement et inébranlablement, et fier d'imiter en cela les divins empereurs Caligula, Néron, Lucius Vérus, Commode et Héliogabale, je tiens pour la faction verte. Et si jamais Rome doit périr, que ce soit le jour où devrait définitivement triompher la faction bleue ! Telle est ma façon d'entendre mes fonctions de citoyen romain et la gloire de Rome.

Trêve aux dissertations, d'ailleurs, et continuons à décrire la course qui va maintenant son train, parmi des tourbillons de poussière. Verts ou bleus, les cochers sublimes sont la plus belle chose que puissent contempler les yeux des mortels. Debout sur leurs chars petits et légers, aux deux roues vertigineuses, avec leurs courtes tuniques sans manches, leurs bonnets casquant le front et se plaquant aux joues, leurs fouets claquant, leurs larges ceintures où s'enroulent les rênes et où pend le coutelas destiné à trancher ces rênes en cas de chute, les cochers sont les images mêmes d'Apollon, ou plutôt, pour mieux dire, ils en sont tous les incarnations vivantes. Qui n'a pas vu les cochers sublimes courir dans le Grand Cirque, ignore ce que c'est que la splendeur du plus splendide des Olympiens.

C'est au tournant de la borne du fond, là surtout, qu'ils sont une élévation pour l'âme, dans cet effort sept fois renouvelé à chaque course, et au péril chaque fois plus grand, à mesure que les chevaux sont tout ensemble plus emportés et plus las, ivres de leur propre fougue, et des coups qui les fouaillent, et des clameurs du Cirque entier s'exaltant aux merveilles du virage. Quoi de plus admirable alors, que le cocher s'inclinant vers le cheval de main, et le retenant pendant qu'il pousse les trois autres, pour que la borne soit effleurée par le char sans que la roue s'y accroche! Et quoi de plus tragique, de plus propre à vous bouleverser le cœur, que le choc arrivant parfois d'une roue contre la borne, et que le char fracassé, tout à coup, le cocher tombant sous les pieds des chevaux, un autre char se ruant parmi ces obstacles imprévus, et un troisième encore et souvent le quatrième venant y briser leur élan inarrêtable, et ainsi, en moins de rien, les attelages, les roues, les chars, les rênes, les bêtes et les hommes ne faisant plus qu'une mêlée affreuse et magnifique, convulsée, inextricable, multicolore, multiforme, qui se débat dans un nuage de poudre d'or, sur le jaune tapis de l'arène empourpré de taches de sang, et semblable à une peau de lion constellée de larges escarboucles ? Et quoi de plus soûlant, enfin, que le délire du moment auguste où se décide la victoire, quand la foule entière est debout, et gesticule, et vocifère, et hurle, et déchaîne des ouragans de colère et d'enthousiasme ? Oh ! alors, quelle subite, énorme et prodigue dépense de toutes les énergies de l'âme projetées en un spasme plus intense, plus profond, plus fulgurant, plus apothéosant que le spasme même de l'amour !

Viennent donc, s'ils doivent venir, les jours annoncés par les oiseaux de sinistre augure ! Que les sectes nouvelles continuent à ronger par la base le culte de nos anciens dieux ! Que les Barbares achèvent de dévorer nos frontières ! Que les destins de la Ville-aux-Sept-Collines s'acheminent vers leur fin ! Qu'importe ! Laissons dire et faire, et vivons ! Ce n'est pas encore la génération d'aujourd'hui qui verra ces choses funèbres. Et, en attendant, Rome est toujours Rome, l'unique Rome, la prestigieuse et prodigieuse Rome, la Rome où se dressent douze cents statues de cochers, la Rome où des empereurs ont été cochers eux-mêmes, la Rome où un cheval a failli être consul, la Rome où un conducteur de char a été le mari d'un César, la Rome enfin où, lorsque se donnent des courses dans le Grand Cirque, trois cent quatre-vingt-cinq mille spectateurs sont les pétales vivants de cette colossale rose de marbre.

# X

# LES AGRAFES DU MORT

# LES AGRAFES DU MORT

Les admirateurs de mon génie s'étonneront probablement de ce que je narre en prose courante cette historiette, moi, le célèbre poète Maccius Aurelianus Vappa, à qui Rome doit d'avoir vu refleurir, avec toutes ses épines de malice et tout son parfum de salacité, l'antique rose latine fanée depuis les épigrammes martialiques et catulliennes. Mais, si les lauriers d'un Martialis et d'un Catullus m'ont, en effet, souvent empêché de dormir, quelques-unes de mes insomnies ambitieuses ont eu aussi pour cause, je l'avoue, cet autre bouquet de laurier, fleurant la cuisine des rues, et dont Titus Petronius Arbiter a épicé le ragoût de son Satyricon.

Ce n'est pas à tort, d'ailleurs, que je porte ce surnom de Vappa, aimant à fréquenter les vappes de la basse plèbe ; et, comme mes meilleurs et mes uniques amis sont précisément ceux que j'ai faits parmi ces vappes, il est juste que j'écrive un peu pour eux, me nourrissant parfois si bien sans me rien demander en retour, et que je délaisse à leur profit mes admirateurs patriciens, dont la maigre et méprisante sportule m'est accordée misérablement au prix des plus viles complaisances et des plus lâches flagorneries.

Se doutent-ils seulement, mes admirateurs patriciens, que le célèbre poète Maccius Aurelianus Vappa, le suscitateur de leurs mornes esprits, le toucheur de bœufs de leurs lourdes digestions, l'accoucheur de leurs rares sourires, habite sous les tuiles d'un toit, au cinquième étage d'une haute maison faubourienne, où il a pour voisins de palier une embaumeuse égyptienne, un ancien valet de belluaire, un couple de mendiants simulateurs du mal sacré, un très vieux tire-laine vivant avec deux apprentis ses mignons, une marchande d'onguent à guérir la rogne des chiens, un vespertilion et un laveur de morts?

Et peuvent-ils s'imaginer, surtout, ces admirateurs patriciens, que leur admiré poète Maccius Aurelianus Vappa fraternise avec ces petites gens, au point d'avoir été en leur compagnie l'un des héros de la présente historiette, qu'il est enfin temps de narrer, après tant d'oiseux préambules?

Au nombre des opulents patrons chez qui je banquetais assez souvent, se trouvait Publius Scaurus Mathatias, dont les noms, mal ajustés et mélangés d'un nom en langue étrangère, disent assez quelle espèce de faux patricien ce pouvait être. Un de ces Asiatiques, en effet, venus de Phénicie ou de

Judée, après avoir passé par Alexandrie, et qui, depuis une vingtaine d'années, se sont chez nous si prodigieusement enrichis en si peu de temps grâce à leur science de l'usure, à leur entregent auprès des proconsuls prévaricateurs, à leur flair dans l'affaire de la reconstruction des vieux quartiers, et à l'accaparement des grains!

On pense si j'ai lieu de détester les patrons de ce genre, ignorants, grossiers et particulièrement insolents envers un Quirite obligé d'être leur sportulaire. Mais aucun ne m'était plus odieux que celui-là, dont le manteau d'orgueil, tissu de tant de millions de sesterces, puait la crasse invétérée de la plus sordide avarice.

C'est donc plein d'une joie touchant au délire que j'assistai à sa mort, dans un festin trimalcionesque où il fut soudainement foudroyé d'un coup de sang, pour avoir voulu faire son Tibérius à Caprée, c'est-à-dire imiter le terrible César jouant avec ses *petits poissons*, et cela après s'être gorgé de trois repas plantureux et successifs que sa lésinerie l'avait empêché d'alléger par de sages interludes vomitoriaux.

Ma joie se fût changée en délire complet si j'avais eu l'espoir d'assister à ses funérailles comme j'avais assisté à son trépas. Quoi de plus réjouissant et de plus délicieux, en effet, que le spectacle de ce gros corps tout en suif triomphalement porté parmi des fleurs, précédé de pleureuses, suivi de l'archimime, et inondant le bûcher de son immonde graisse! Par malheur, ces Phéniciens et Judéens, même devenus citoyens de Rome, conservent les coutumes de leur pays, et ainsi c'est entre eux, selon les rites de leur religion, rites tenus secrets, que se font leurs obsèques, clandestinement.

Comme je disais mes regrets à mes amis le laveur de morts, l'embaumeuse et le vespertilion, ils me répondirent qu'ils pourraient quand même m'offrir le régal de ces obsèques, parce qu'ils connaissaient ceux de leurs confrères que la police municipale imposait, au moins à titre de témoins, en de telles cérémonies. Et grâce à eux, en effet, vêtu moi-même en vespertilion, je pus, quoique d'assez loin et à la dérobée, voir quelque chose de ces curieuses et barbares mœurs funéraires, au cours desquelles le cadavre est injecté de bitume et d'aromates liquides, puis revêtu d'une sorte de chemise et de caleçons, et finalement enclos, d'abord dans une gaine de plomb, puis dans un grand coffre de bois précieux au couvercle cloué par des clous de cuivre.

Il me fut impossible d'en contempler davantage, l'office des témoins municipaux étant terminé avec le clouage du couvercle, et le reste des cérémonies ne devant plus avoir pour spectateurs que les gens de la famille et de la religion du défunt.

Je fis part de ma déconvenue à mes amis, et leur révélai en même temps un détail qui avait vivement piqué mon attention : c'est que la chemise, dont on avait habillé le corps de Publius Scaurus Mathatias, était agrafée sur la poitrine avec de grosses agrafes d'or où brillaient d'énormes diamants. Les Phéniciens et Judéens assistant aux obsèques en avaient fait de grands gestes admiratifs, et même quelques phrases à notre adresse, pour nous signaler la générosité des gens de leur race, qui ne reculaient pas devant la perte de telles richesses en vue de rendre honneur à leurs trépassés.

Le vespertilion, l'embaumeuse et le laveur de morts échangèrent là-dessus quelques étranges coups d'œil. Puis l'embaumeuse alla chercher l'ancien valet de belluaire, le couple de mendiants, la marchande d'onguent à guérir la rogne des chiens, et le vieux tire-laine avec ses deux mignons. Tous alors, s'étant écartés de moi, délibérèrent à voix basse, rapidement. Après quoi, l'ancien valet de belluaire me dit :

— Connais-tu un orfèvre qui t'achèterait, sans en demander la provenance, les grosses agrafes d'or et de diamant agrafant la chemise du cadavre?

J'en connaissais justement un, Pamperidès l'Ascalonite, auprès de qui je sers souvent d'intermédiaire pour lui vendre des bijoux de famille dont se défont des patriciennes à l'insu de leurs maris. J'étais même sûr d'obtenir de lui une forte avance, rien qu'à l'annonce et sur la description des agrafes.

— Eh bien! va donc le trouver, et prends toujours l'avance, répliqua l'embaumeuse. Pendant ce temps, nous nous emparerons des agrafes. Ne t'inquiète pas des moyens que nous y emploierons. C'est notre affaire. La tienne sera de faire bombance avec nous en nous partageant le butin.

Comment s'y prirent-ils pour voler le cadavre, c'est ce qu'ils ne me dirent point. Mais, quand je revins de chez l'Ascalonite, avec du bel argent vivant, ils avaient dépouillé le mort, non seulement de ses agrafes, mais de bien d'autres choses; car le couple de mendiants avait la chemise, le vieux tire-laine avait orné ses deux mignons chacun d'une jambe de caleçon, l'embaumeuse s'était approvisionnée de bitume et d'aromates après en avoir vidé la peau du cadavre, et la marchande d'onguent à guérir la rogne des chiens faisait fondre dans une marmite au moins dix livres de panne qu'elle avait taillée à même la panse de Mathatias.

Tout en riant de ces menus larcins, nous nous offrîmes, grâce à l'avance de l'Ascalonite, un excellent repas dans la popine de Rufus Bdella, où le vin n'est pas du petit sabin, mais une pourpre épaisse comme du miel. Puis, très ivres, nous allâmes tous ensemble porter les agrafes chez l'Ascalonite, pour nous en partager loyalement le prix. Nous chantions et nous dansions en route, à l'idée de tant de sesterces qui bientôt nous changeraient en richards, et nous permettraient de ripailler pendant de longs jours dans la popine de Rufus Bdella. Les passants, quand nous traversâmes Suburre, nous prirent pour des prêtres de

Cybèle, tellement nous poussions de grands cris.

Hélas! à peine Pamperidès eut-il vu les agrafes, qu'il s'écria, me saisissant à la gorge :

— Rends-moi mon avance, voleur!

Mais l'ancien valet de belluaire le renversa d'un coup de poing; et, l'ivresse lui faisant perdre toute prudence, il se mit à hurler :

— Comment! lui! Maccius Aurelianus Vappa, un voleur! Lui qui t'apporte les agrafes d'or et de diamant prises à la chemise de Mathatias!

— Justement, répliqua l'Ascalonite, et voilà qui explique tout. Les héritiers du Judéen étaient, ainsi que lui, des pingres, et ils lui avaient mis des agrafes en laiton doré et en cristal.

Et, comme l'Ascalonite pleurait son avance perdue, et que nous étions toujours très ivres, nous lui éclatâmes de rire au nez, et nous repartîmes en chantant et en dansant, consolés de notre déception par la sienne, et heureux des quelques menus larcins opérés, et heureux surtout d'avoir fait un bon repas aux frais de Pamperidès.

Seul, le laveur de morts, qui a l'ivresse généralement morose, grognait tout en dansant, et s'accrochait tantôt à l'un et tantôt à l'autre pour nous dire, en phrases aux assonances de vieille chanson osque :

— Faut-il, tout de même, que ces Phéniciens et Judéens soient voleurs, pour voler encore après leur mort, et pour voler alors jusqu'à des voleurs, et jusqu'à un pauvre laveur de morts devenu sans remords voleur de morts !

# XI

# LES TRENTE BRAVES

# LES TRENTE BRAVES

---

Depuis tant d'années que, sans avoir manqué jamais une seule représentation importante, je suis un amateur assidu et passionné des combats de gladiateurs, je puis me vanter de m'y connaître en traits de bravoure, pour avoir vu les plus extraordinaires dont s'honorent les annales de l'amphithéâtre, et je ne pensais pas qu'il fût facile de m'y étonner désormais. Et cependant, force m'est d'en faire l'aveu, tous mes souvenirs et toutes mes admirations de jadis ont pâli devant le sublime spectacle auquel il m'a été donné d'assister hier, à la fin des jeux offerts par Publius Vibennius Scossa.

J'aurais dû me douter pourtant que les dieux réservaient ce régal à ma vieillesse; car d'heureux présages m'annonçaient dès longtemps ce jour comme un jour à marquer d'une pierre blanche. Mais, un petit-fils m'étant né ce matin-là même, j'estimai que les présages s'appliquaient à cet événement. En réalité, j'en suis maintenant bien sûr et j'en rends grâce aux Immortels, la vraie et précieuse fortune qui m'était prédite ainsi, c'était de compter parmi les trois privilégiés appelés à jouir de cette merveilleuse fête funèbre, unique dans les fastes gladiatoriaux.

Pour tout dire, je n'étais pas venu sans quelque méfiance aux jeux offerts par Publius Vibennius Scossa. C'est le fils d'un affranchi, ancien esclave issu de la Judée, et, comme tous ceux de sa race quand ils sont riches, désagréablement bouffi de vanité, croyant qu'une opulence vite acquise suffit à donner du goût, et remplaçant ce goût qui lui manque par une prétentieuse recherche du monstrueux, de l'inouï, de ce que les honnêtes gens enfin appellent l'*asiatique*. Avec cela, d'une complète incompétence en l'art de la gladiature, au point qu'il ne savait pas encore, voilà seulement six mois, distinguer un myrmillon d'un hoplomaque, et qu'il confondait sous un même nom le glaive du Samnite et le coutelas du Thrace, ignorant que l'un est mince et droit, tandis que l'autre est large et courbe en forme de faux retournée!

Qu'un tel profane pût offrir des jeux dignes d'être soumis à une attention aussi éclairée que la mienne, l'idée m'en faisait sourire. D'autant que je le jugeais homme à ne pas vouloir suivre les conseils de son excellent laniste Céphisodore, lequel du moins, quoique partisan trop absolu du petit bouclier, s'entend fort bien à régler les combats en belle ordonnance.

— Evidemment, pensais-je, Scossa aura

forcé le laniste à subir ses imaginations scossiennes ; il se sera mis en tête de trouver quelque chose de nouveau ; et nous verrons cela se traduire en grossiers barbarismes et ridicules solécismes de gladiature.

Au surplus, je n'étais pas seul de cet avis, et, aux abords de l'amphithéâtre, c'était à qui ferait des gorges chaudes sur le malheureux, parmi les petites gens, chez qui se rencontrent en grande quantité des amateurs aussi assidus, aussi passionnés, aussi bons connaisseurs que moi-même ; car, n'en déplaise à tous les Scossa enrichis, mais étrangers, il n'y a encore que les vieux Quirites, de pur sang romain, fussent-ils des derniers rangs de la plèbe et les plus pauvres sportulaires, pour parler savamment et décemment de gladiature.

Or, là, dans la foule, au seuil des gargotes fumantes où l'on mangeait des pois chiches à l'huile, devant les popines fleurant le gros vin plein de résine, le nom de Scossa n'était prononcé qu'avec des tempêtes de rire.

Et l'on sentait aussi combien peu étaient prisés les jeux offerts par lui, rien qu'à voir la lenteur d'entrée dans les vomitoires presque déserts. Au lieu de s'y presser, de s'y bousculer, de s'y étouffer comme c'est l'usage quand on espère un spectacle attrayant, on y pénétrait à l'aise, d'une allure molle et languissante. Beaucoup, même, en ressortaient avant d'avoir pris place à l'intérieur. On préférait attendre encore quelque temps au dehors, sous les arcades, à regarder les acrobates de la rue, à consulter les astrologues en plein vent, à s'attarder devant les danseuses gaditanes rythmant les ondulations lascives de leur ventre et de leur croupe au ronflement du tambourin voluptueux, au frisson métallique des cymbales et au crépitant cliquetis des castagnettes.

En somme, il n'y avait que les novices, les provinciaux, et des étrangers suivis d'Alexandrins interprètes, pour s'arrêter à lire avec de gros yeux les affiches, peintes en vermillon trop cru, où Scossa promettait monts et merveilles ; et les petits Grecs s'épuisaient en vain à brailler la liste des combats, pauvre liste dédaignée que ne leur achetait personne.

Une seule chose avait vraiment un peu piqué ma curiosité : c'est le mystère dont Scossa, si vantard habituellement, avait entouré une certaine bande de nouveaux gladiateurs, dénommés par l'affiche « les trente braves d'au delà de Thulé ».

Il les avait fait venir à Rome la veille et en secret ; et le laniste Céphisodore tenait sévèrement la main à ce que personne ne pénétrât dans l'ergastule où ils étaient enfermés. On voulait, paraît-il, réserver pour le couronnement du spectacle toute la surprise de leur apparition.

On avait aussi répandu le bruit qu'ils étaient bien réellement d'au delà de Thulé, natifs de contrées qui n'avaient jamais eu de représentants parmi nous, et qu'ils passaient pour compter au nombre de leurs ancêtres les demi-dieux marins vivant dans les ténèbres blanches et glacées de l'Océan septentrional. Un Saxon, disait-on encore, qui connaissait leur langue barbare, les avait amenés en les trompant sur le véritable but du voyage, en leur persuadant qu'il les conduisait dans le pays du soleil pour leur faire rendre des honneurs divins. On ajoutait que ce mensonge et le mystérieux appareil de leur long voyage, et toutes les précautions prises en vue de les garder jusqu'au bout dans leur erreur, avaient coûté à Scossa plusieurs cent milliers de sesterces.

Certes, je ne pouvais être tout à fait dupe de ces légendes, moi qui en ai entendu courir tant d'analogues, chaque fois qu'on nous annonce quelque peuple encore inconnu sur l'arène. Je sais par quels artifices on enfle ainsi la valeur de ces recrues, moi qui ai vu combattre successivement et parfois ensemble les races les plus lointaines et les plus diverses, jusqu'à des nègres Blemmyes de l'Afrique intérieure et à des Bretons tatoués. Sans doute ces prétendus fils de demi-dieux marins allaient être tout simplement d'énormes et grossiers Barbares, luttant à la façon des brutes, et dont la violente gaucherie ferait piètre figure à côté de notre savante et subtile école d'escrime. Mais enfin, si connaisseur et homme de goût qu'on soit, on reste quand même un peu badaud, et il n'est pas déplaisant de voir comment savent mourir des monstres venus d'au delà de Thulé.

J'avoue toute ma faiblesse, et qu'il m'eût été particulièrement agréable de faire connaissance avec eux d'une façon plus intime, dans l'ergastule même, avant le combat, comme c'est mon habitude en ces sortes de fêtes données à la curiosité. Car les vrais amateurs mettent une coquetterie bien naturelle à jouir de ces choses avant le gros du public et par un légitime privilège de prélibation.

C'est pourquoi, malgré mon mépris pour Scossa, et quelque vanité qu'il dût tirer de ma flatteuse démarche, je n'hésitai pas à lui faire mes compliments sur ses jeux et à lui demander la faveur d'être introduit auprès de ses mystérieux Barbares.

Il se gonfla d'orgueil à ma requête et se donna sur moi l'insolente supériorité d'y faire droit, en me disant :

— Cela m'est un grand honneur, de pouvoir offrir à un gladiatorien aussi éminent et aussi délicat que toi un spectacle qui restera certainement dans son souvenir comme le plus rare qu'il ait jamais vu, et même comme un spectacle unique, en vérité.

Il ne croyait pas si bien dire, par Hercule ! Et je ne me doutais guère non plus que la réalité allait, non seulement tenir, mais dépasser de beaucoup les promesses de sa suffisance.

Comme nous étions dans le couloir qui mène à la première enceinte de l'ergastule, une clameur immense retentit soudain, et voici venir, courant vers nous, essoufflé, le laniste Céphisodore, qui s'écrie en mots entrecoupés :

— Vite, vite, accourez!... Rien de plus beau!... Quels hommes!... Quels héros!..., On n'a jamais vu pareille frénésie de bravoure!

Et, avant que nous ayons eu le temps de lui demander des explications, il nous raconte, tout en hâtant notre marche, et avec des phrases haletantes et brèves, que les trente braves, instruits par le Saxon du sort qu'on leur réservait, avaient refusé de servir ignominieusement à l'amusement de la plèbe romaine, s'étaient déclarés hommes libres, avaient résolu par acclamation unanime de mourir comme tels, et qu'ils étaient en train de le faire, et que c'était admirable à voir.

Ce disant, il ouvre la porte qui donne accès à la galerie du premier étage, dominant la cour de l'ergastule.

Quel spectacle, en effet, dieux immortels! Jamais, par Castor et Pollux, jamais personne n'en a contemplé de plus sublime. Et je regrette seulement de n'avoir pas été seul à en jouir, et qu'il m'ait fallu partager ce nectar d'admiration avec un profane comme Scossa, si mauvais juge en traits de bravoure, connaisseur de si peu de goût en gladiature.

Silencieux, farouches, superbes, tout nus, les trente braves d'au delà de Thulé, géants au corps de neige, aux yeux glauques de demi-dieux marins, aux longues moustaches pendantes et aux énormes chevelures rouges qui flamboyaient ainsi que des soleils couchants, les trente braves se tenaient par couples étroits, les poings crispés aux gorges les uns des autres.

Ils s'étranglaient mutuellement.

Quand il en tombait quelqu'un, comme une masse, le survivant du couple allait aussitôt s'accrocher au survivant du couple voisin, et tous deux recommençaient à s'étrangler, jusqu'à ce que l'un tombât à à son tour.

Cependant, les jeux étaient suspendus dans l'amphithéâtre, où le peuple rugissait en réclamant les fameux trente braves d'au delà de Thulé.

Et Scossa s'arrachait de désespoir les cheveux, en gémissant :

— Ah ! pourquoi n'ont-ils pas fait cela sur l'arène ? Quel succès pour moi ! Quel triomphe ! Quel prodigieux triomphe pour Scossa !

Le laniste disait :

— Faut-il faire ouvrir les vomitoires menant à l'ergastule ? Faut-il laisser pénétrer la foule ?

Mais je lui mis la main sur la bouche et l'appelai misérable.

En ce moment, vingt-neuf des braves gisaient sur le pavé, la face tuméfiée et bleuie, une écume de pourpre aux lèvres ; et le trentième, ses pouces enfoncés dans le cou, les yeux hors de la tête, achevait de s'étrangler lui-même, avec un effort qui lui faisait péter les veines des tempes et gicler le sang des narines.

Et je criai au laniste :

— Toi, toi, connaisseur comme moi, toi, dégustateur et gourmet en gladiature, n'aimes-tu donc pas mieux qu'il n'y ait que nous à voir cela ?

Et j'avais envie de le tuer et de tuer Scossa, pour que la mémoire d'une telle chose n'appartînt qu'à moi seul.

# XII

# LES RIVAUX

# LES RIVAUX

---

A quel degré d'intelligence peuvent atteindre les éléphants, et qu'ils soient doués d'une âme presque humaine, c'est une chose dont on a la connaissance depuis des temps fort reculés, ainsi qu'en témoignent tant d'annalistes des guerres contre Pyrrhus et contre les Carthaginois, et surtout tant de curieuses anecdotes racontées dans les *Histoires naturelles* du premier Pline ; mais je ne crois pas que jamais on en ait eu sous les yeux une preuve comparable à celle que viennent de nous donner, dans l'amphithéâtre, les deux célèbres éléphants Castor et Pollux ; et, si l'on a pu quelquefois taxer d'exagération le premier Pline, dont les récits merveilleux avaient leur source dans des livres souvent peu dignes de foi et dans les assertions de voyageurs enclins au mensonge, j'espère qu'on sera forcé de se rendre à l'évidence d'un spectacle ayant eu quatre-vingt mille citoyens romains pour témoins oculaires.

Comme il est avéré, d'après les oracles sibyllins, qu'un jour viendra où Rome disparaîtra de l'histoire, et comme il est probable que les Barbares de ces époques futures n'entendront plus rien aux splendeurs et aux miracles de l'amphithéâtre, je veux d'abord noter, pour leur étonnement, en quoi et par quoi s'étaient rendus célèbres les éléphants Castor et Pollux, et que c'était une paire d'éléphants danseurs, acrobates et mimes.

Ils exécutaient leurs danses, faisaient leurs tours et jouaient leurs pantomimes sur une étroite estrade ronde, fondue en une seule plaque d'airain, et que soutenait un énorme pilier de marbre au milieu de l'amphithéâtre. Ils arrivaient sur cette estrade par le plus extraordinaire des chemins, qui était un câble gros comme une jambe d'homme, et tendu au moyen de machines semblables à celles qui bandent les catapultes et les carobalistes puniques.

Or, si rien n'était plus excitant au rire que les cordaces obscènes dansées sur l'estrade par ces monstrueux farceurs, si rien n'était plus tragique que les scènes de drame jouées sur cette même estrade par ces acteurs simulant la passion, le désespoir et la mort, rien en revanche n'était plus gracieux que la légèreté d'allure, la sûreté de pied, l'aisance ailée, en quelque sorte, de ces masses évoluant le long de ce câble déclive, où l'on eût dit des fourmis géantes sur un cheveu de Titan.

Cependant, il faut bien l'avouer, Castor et Pollux n'auraient pas fourni un irréfutable argument à ceux qui veulent, comme moi, que l'éléphant soit doué d'une âme humaine, si Castor et Pollux n'avaient manifesté leur âme qu'en ces exercices. Car, des éléphants danseurs, acrobates, et même allant jusqu'à être mimes, cela s'est vu déjà plusieurs fois dans l'amphithéâtre, et cela peut prouver uniquement, à la rigueur, la docilité de ces animaux, leur mémoire tenace, leur adresse naturelle affinée par un patient dressage, et sans doute en doit-on faire honneur surtout aux belluaires qui les instruisent.

Mais on va voir que les éléphants Castor et Pollux ne se bornaient pas, comme leurs devanciers, à reproduire d'une façon machinale des mouvements longtemps et passivement étudiés, des attitudes imposées par un maître, et à donner ainsi l'illusion d'un jeu personnel et conscient; on va voir qu'ils improvisaient, pensaient et sentaient par eux-mêmes, et qu'enfin ces animaux étaient des hommes.

A l'occasion des fêtes séculaires d'Anna Perenna, des prodiges furent accomplis dans l'amphithéâtre, et parmi ces prodiges, celui dont on se promettait le plus extraordinaire régal était la représentation d'une pièce nouvelle jouée par les deux éléphants conjointement avec Mnestrios.

Mnestrios (personne au monde ne l'ignore aujourd'hui, mais peut-être le saura-t-on moins chez nos arrière-neveux pour qui j'écris), Mnestrios était un mime syrien, d'une beauté miraculeuse, aimé des hommes et des femmes, et dont la seule apparition, quand il dansait et mimait tout nu, suffisait à mettre en rut l'amphithéâtre tout entier, hurlant alors et se tordant de désir devant les grâces voluptueuses de cet exquis androgyne.

Le bruit s'était répandu que, pendant le travail préparatoire à la représentation de la pièce nouvelle, les deux éléphants avaient montré une fièvre particulière à apprendre leurs rôles et s'y étaient prêtés avec une intelligence inouïe, rapide, aiguë, absolument admirable, même chez eux qui en avaient déjà donné tant de preuves. Moi, qui suis un vieil amateur des choses de l'amphithéâtre, et pour qui les coulisses des jeux n'ont point de secrets, j'en savais plus que tout le monde, grâce aux indiscrétions de l'ordonnateur et des belluaires, et l'on avait été jusqu'à me dire que Castor et Pollux étaient visiblement épris de leur nouveau camarade, en tant qu'homme, et qu'ils en étaient aussi un peu jaloux, en tant qu'artiste. De là, m'avait-on affirmé, le zèle tout à fait inusité qu'ils apportaient à leurs études pour jouer avec lui. Ils désiraient à la fois, selon toute apparence, et lui être agréables et arriver à se manifester dignes de lui. Mais les gens qui vivent dans l'intimité des bêtes leur attribuent souvent des pensées qu'ils imaginent eux-mêmes; et je ne prenais donc de ces histoires que ce que je voulais bien en prendre; car, si entiché que je sois de l'opinion qui donne aux éléphants une âme humaine, je ne pouvais supposer à Castor et à Pollux des sentiments raffinés jusque-là, et qu'ils fussent tellement des artistes et des hommes.

En quoi je me trompais, et vis que je me trompais dès le début même du spectacle. Je connaissais, en effet, l'argument de la pièce qu'ils allaient jouer avec Mnestrios; et, tout de suite, je m'aperçus qu'ils en changeaient la marche et se mettaient à improviser.

Ils devaient arriver par le câble déclive, Castor portant Pollux en équilibre sur son dos, et Pollux portant Mnestrios à cheval sur sa trompe; et c'est sur l'estrade seulement que devait commencer à se jouer la scène représentant la séduction des deux monstres par l'androgyne, le désespoir et la mort de Castor méprisé, l'enlèvement de Mnestrios par Pollux, puis la résurrection de Castor sous les caresses de l'aimé, et enfin le duel des deux bêtes que terminait une apothéose orgiaque du Syrien livrant son corps au double enlacement des trompes.

Mais à quoi bon raconter cet argument d'une pièce qui ne fut pas représentée, interrompue tout de suite par un drame autrement intéressant, poignant et sublime, en son effroyable réalité de double jalousie artistique et humaine?

A peine avaient-ils fait quelques pas sur le câble, que Castor redressa soudain sa trompe et tenta d'amener à lui Mnestrios, en l'arrachant à Pollux. Celui-ci poussa un barrissement terrible et retint le mime, dont le corps, par habitude, se roula et se déroula en ondulations voluptueuses.

On crut que c'était dans la pièce, et tout l'amphithéâtre debout applaudit frénétiquement, tant Mnestrios était divinement beau. Il semblait se pâmer dans l'ouragan des applaudissements et des cris. Mais le bruit des quatre-vingt mille poitrines romaines était dominé par la stridente clameur des deux trompes redressées ensemble, tandis que

Mnestrios restait couché en travers des défenses de Pollux. Et soudain Pollux, rabaissant sa trompe, saisit Mnestrios par le col, le fit tournoyer, puis le lança en l'air. En même temps, Castor laissait glisser ses pieds le long du câble déclive et perdait soudain l'équilibre par un mouvement maladroit visiblement fait exprès. Et les deux corps monstrueux venaient s'écraser lourdement et épouvantablement dans l'arène, cependant que celui de Mnestrios, léger, gracieux et tourbillonnant, s'y en allait rouler comme un joli petit cadavre d'oiseau balayé par un vent de tempête.

A n'en pas douter, je pense, Castor avait été jaloux de Pollux, comme amant possible de Mnestrios, puis Pollux avait été jaloux de Mnestrios, applaudi avec plus d'enthousiasme que les monstres ; et tous deux avaient préféré à tout leur propre mort et la mort de l'androgyne.

Et j'ai narré cela de mon mieux, à la gloire des éléphants, et à la gloire de Rome aussi, la seule ville du monde certainement où l'amour du théâtre et l'amour de l'amour aient pu fleurir à ce point que les animaux eux-mêmes y ont connu l'envie artistique, le gitonisme et le goût du suicide, c'est-à-dire tout ce qui constitue une âme d'homme.

# XIII

# L'HEAUTOPHAGE

# L'HEAUTOPHAGE

---

En ce temps où toutes les curiosités du monde se donnent rendez-vous à Rome, si bien que le dernier des sportulaires en arrive à être repu de raretés et à bâiller d'ennui devant les spectacles les plus étranges, je remercie les dieux immortels de m'avoir donné pour ami Aulus Crispidus Agrippa, qui s'ingénie à nous faire voir encore des choses neuves et qui nous en réserve le régal unique, désormais introuvable ailleurs que chez lui.

Nous sommes ainsi une demi-douzaine de

raffinés dont l'esprit est toujours en éveil ; car il faut rendre à Aulus Crispidus Agrippa cette justice, que sa précieuse prévenance s'adresse surtout à notre esprit, et que, méprisant les monstruosités capables d'émouvoir seulement la vue, il s'applique à nous offrir des fêtes comme qui dirait de pensée et de philosophie.

Dans tout ce qu'il nous montre, en effet, il y a toujours matière à disserter et à s'instruire ; et, n'y en eût-il pas, qu'on serait obligé d'y en trouver, grâce aux commentaires que ne manque jamais d'en tirer notre ami Damascetès, l'Alexandrin, disciple des pyrrhoniens et plus pyrrhonien que Pyrrhon en personne, au point que son obstination à nier tous les mystères l'a fait surnommer Damascetès l'Antimystère.

Selon Damascetès, tout est explicable par des lois naturelles, et le mystère encore inhérent à tant de choses tient uniquement à notre ignorance de toutes les lois naturelles, ignorance à laquelle on a quand même, dit-il, le droit de vouloir échapper par des hypothèses. Or, comme il connaît tout ce qu'on peut connaître aujourd'hui touchant la physique et la métaphysique, et comme son intelligence audacieuse et subtile part de là pour imaginer tout ce qu'on peut vraisemblablement imaginer afin de jeter des ponts lumineux à travers les gouffres des plus insondées ténèbres, on juge quelles joies délicates nous avons à contempler les merveilles que nous présente Aulus Crispidus Agrippa, et à savourer les explications que nous en donne Damascetès.

C'est ainsi que nous avons vu s'opérer chez notre ami, et que nous en avons eu la clef, des miracles devant lesquels il y avait de quoi perdre la raison, tels que ceux pratiqués notamment par les thaumaturges orphiques, les gymnosophistes de l'Inde, les hiérophantes égyptiens, à savoir les phénomènes de double vue à distance, de lecture dans la pensée, les évocations et apparitions nécromantiques, les enterrements suivis de résurrections, les poussées de plantes germant, fleurissant et fructifiant en quelques heures, les mutations d'âmes se désincarnant et se réincarnant, les statues parlantes, les squelettes mimes, les momies amoureuses, et mille autres spectacles qui frappent de terreur religieuse jusqu'aux initiés du sanctuaire éleusiaque, tandis qu'ils nous induisaient seulement, nous, instruits par Damascetès, à glorifier de notre admiration les philosophes et les prêtres capables de produire des effets d'apparence aussi surnaturelle en y employant, sans plus, des causes naturelles, grâce à la connaissance et à la dédaléenne combinaison des lois physiques patiemment étudiées et savamment maîtrisées jusque dans leurs ultimes arcanes, que nous révélaient les érudits et profonds commentaires de l'Alexandrin.

Il faut bien l'avouer, Damascetès n'arrivait pas toujours à nous convaincre ; et le plus rebelle à ses explications était Aulus Crispidus Agrippa, qui tenait pour l'existence du mystère dans les choses. Et de là, sans doute, venait sa pertinacité à nous renouveler ces expériences, dont il pensait qu'il y en aurait une, quelque jour, concluante, et dont Damascetès renoncerait à chercher la clef anti-mystérieuse.

— Cette fois, nous dit-il l'autre soir, je crois que je tiens de quoi l'obliger à se reconnaître vaincu. Venez tous à la maison. Je l'y ai convoqué. J'ai à vous montrer le plus extraordinaire artiste en magie que j'aie rencontré encore, s'il exécute ce qu'il m'a promis. Il doit se dévorer lui-même. Il s'intitule l'Heautophage.

La nuit venue, nous nous trouvâmes tous chez notre ami ; et, avant que commençât la séance, il nous donna sur l'Heautophage quelques renseignements qui aiguillonnèrent au plus vif notre curiosité, sans toutefois ébranler, d'ailleurs, le robuste pyrrhonisme de Damascetès.

Au dire de notre hôte, l'Heautophage n'était ni un évocateur orphique, ni un gymnosophiste, ni un hiérophante du pays d'Isis ; mais il venait d'une île perdue dans les ténèbres de l'Océan, par delà les colonnes d'Hercule, dernier vestige de l'étrange et chimérique continent appelé jadis l'Atlantide, et où habitèrent à l'origine du monde, paraît-il, des hommes d'une race semi-divine. De cette race, disparue dans l'engloutissement de l'Atlantide, l'Heautophage était le suprême descendant et représentant, unique possesseur aujourd'hui des secrets magiques révélés à ses aïeux par les dieux eux-mêmes.

Toujours au dire de notre hôte, voici en quoi devait consister le spectacle miraculeux qu'allait nous donner l'Heautophage. Par un effort de projection hors de lui-même, il se dédoublerait en deux êtres jumeaux, qui dialogueraient, l'un avec une voix humaine, l'autre avec une voix venue de la région des Mânes ; après quoi la résorption des deux êtres en un seul aurait lieu, mais non pas par la rentrée de l'émané dans l'émanant, et au contraire celui-ci, c'est-à-dire le vivant, étant dévoré par l'autre, c'est-à-dire le fantôme, en sorte que ce serait l'apparence qui anéantirait le réel, résultat dont on aurait la preuve effective et irréfutable à l'issue de l'expérience, par la mort constatée de l'Heautophage.

Il va de soi que l'irréductible Damascetès n'admit pas sans discussion ces dires de notre hôte.

Et d'abord il nous apprit que l'Atlantide avait dû exister, en effet, mais qu'il n'y avait pas lieu d'y supposer une race semi-divine, et que, selon toute vraisemblance, elle avait été habitée par des hommes pareils aux autres hommes, et très probablement beaucoup moins instruits et policés que ceux d'aujourd'hui.

Quant aux phénomènes promis du dédoublement et du dialogue entre l'être réel et le fantôme, il en sourit assez dédaigneusement, et nous rappela quelques séances analogues, dont il nous avait précédemment élucidé le prétendu mystère par des jeux de miroirs produisant des illusions d'optique et par le charlatanisme des engastrimythes ou ventriloques produisant des illusions auditives.

Il ne réservait son jugement que sur la fin promise de l'expérience nouvelle, après qu'il aurait dûment et scientifiquement constaté la mort de l'Heautophage, en laquelle il subodorait à l'avance quelque inédite et démontrable supercherie.

L'homme parut.

Il n'avait fait aucun préparatif propre à nous tromper, tel que nuit brusque, éloignement de la scène, appareils dissimulés derrière des tentures, mais dont on devine aisément la présence, pour peu qu'on ait l'habitude de ces sortes de séances.

Il parut au milieu de nous, où il vint s'asseoir, en pleine lumière, et assez près de nous pour qu'on pût presque le toucher en étendant la main.

C'était un homme très maigre et très pâle, sans âge, sans regards, sans physionomie. Il semblait déjà lui-même un fantôme. On eût dit qu'il était fait de brume. Et, quand soudain, à sa gauche, apparut son double, il fut impossible de distinguer lequel des deux était la réalité et lequel devait figurer l'apparence.

D'une voix humaine, l'un dit :

— Je suis ce qui croit être.

D'une voix extraordinaire, étrange, venant d'on ne savait quelle profondeur, l'autre répondit :

— Je suis ce qui est.

Et en même temps celui-ci étreignit le premier dans ses bras, lui baisa longuement la bouche, sembla le boire, et l'absorba peu à peu comme une fumée, si bien que le réel se fondit dans l'apparent ; après quoi, il ne resta plus devant nous, vu par nos yeux, palpé par nos mains, que le cadavre de l'Heautophage, dont la mort ne put être mise en doute absolument par personne, même par Damascetès, puisque le cadavre était déjà en putréfaction.

Je sais bien que notre pyrrhonien essaya de s'en tirer plus tard en nous affirmant que nous avions dû être les jouets de quelque larve ou lémure, lesquels, prétend-il, n'ont rien de mystérieux; mais, pour Aulus Crispidus Agrippa, pour moi, et pour nos autres amis, de tels prodiges sont certainement surnaturels, et annoncent la mort prochaine de l'empire.

# XIV

# LE MONSTRE

# LE MONSTRE

———

Jusqu'où notre ami Publius Metellus Scaurus pousse le désir du non-encore-vu dans l'art gladiatorial, combien il se montre patient à chercher et ingénieux à trouver tout ce qui peut en rajeunir l'antique figure, avec quelle inépuisable générosité il se met en dépense pour offrir à ses concitoyens le régal de ses merveilleuses inventions, c'est de quoi rendent témoignage et l'universelle faveur dont il jouit parmi les raffinés de l'amphithéâtre, et les suffrages du peuple l'ayant déjà élu cinq fois consul, et le compte de ses prodigalités inscrit aux registres pontificaux, et enfin l'austère Histoire elle-même, qui n'a pas dédaigné de graver sur des stèles de marbre et des tables d'airain les triomphes de Publius Metellus Scaurus comme donateur de jeux, afin qu'en fût transmise à la plus lointaine postérité la glorieuse et immortelle mémoire.

Mais, il faut bien le reconnaître, ce que l'histoire gagne en durée à être ainsi gravée sur des stèles de marbre et des tables d'airain, elle le perd en agrément. Ni le curieux détail des choses, ni les savantes et délicates explications, en fournissant la claire image, ne sauraient s'accommoder à la sévère concision qu'exigent la pierre et le métal. Et peut-être un jour viendra où les brèves et nues nomenclatures des inscriptions ne seront plus vivantes pour ceux qui les liront sans les comprendre. Que s'abolisse la science des termes employés aux jeux, et personne ne pourra plus concevoir en quoi Publius Metellus Scaurus fut un grand homme parce qu'il avait inventé l'hoplomaque ambidextre, les duels de pétauristes, la funambulomachie, la lumbopugne, la serpentine, les deux outres, l'escrime grallatorienne. Ces vocables eux-mêmes n'ayant plus aucun sens, la gloire de notre ami cessera d'être appréciée comme elle le mérite, et, malgré les stèles de marbre et les tables d'airain, ne lui rapportera ainsi, en quelque sorte, qu'une immortelle obscurité.

C'est pour sauver son nom de ce péril que je veux écrire ces pages, en souhaitant que les dieux justes leur accordent d'arriver à la plus lointaine postérité, puisque par elles, mieux que par les stèles de marbre et les tables d'airain, nos arrière-neveux apprendront jusqu'où Publius Metellus Scaurus poussait le désir du non-encore-vu dans l'art gladiatorial et de quels admirables sacrifices il était capable afin d'en rajeunir l'antique figure.

Une statue de Polyclète, deux vases murrhins dont la paire était unique à Rome, un esclave égyptien expert aux plus mystérieux arcanes de l'astrologie médicale, et, en outre, trois cent mille sesterces, tel fut le prix que réclama le laniste Céphisodore, contre la remise du Monstre, tel fut le prix qu'accepta, sans marchander, avec joie, Publius Metellus Scaurus, pour le cas où le Monstre ne mentirait pas à la description qu'en avait faite Céphisodore.

— Il n'y mentira pas, disait Céphisodore. J'ai beau être Grec et, par conséquent, enclin à toujours enfler les choses en en parlant d'une bouche ronde; cette fois, je suis sûr que l'enflure de mon langage paraîtra au-dessous de la vérité.

Et, sur l'insistance de mon ami et de moi-même qui assistais à l'entretien, le laniste recommença l'éloge du Monstre, non pas en phrases à la grecque, d'ailleurs, en périodes sonores cherchant à tromper, mais bien en rudes, nets et sincères mots latins, dont chacun exprimait quelque chose fortement, et qu'il jetait presque avec des cris, comme si la vérité les lui arrachait de la bouche et du cœur.

— Oui, oui, répétait-il, c'est l'Érèbe lui-même, c'est la nuit. Il est noir, noir, noir. Et chauve. Pas un fil de laine n'est resté sur le roc de son crâne, pas un. Et il est aveugle. Deux grands yeux blancs qui n'y voient pas. Et il n'a point de jambes. Et il n'a qu'un seul bras. Mais, sans jambes, il bondit, par des coups de reins. Et son unique bras est très long, mobile comme une trompe d'éléphant, et tournoie autour de lui comme une queue de lion. Et, au bout, deux pouces, une tenaille. Avec cette tenaille, il happe l'ennemi, l'amène jusqu'à ses dents, l'égorge d'une morsure, boit le sang, puis siffle un chant d'oiseau.

Étant plus sage que Publius Metellus Scaurus, et désireux de lui épargner tant de dépense où risquait de l'entraîner son trop crédule enthousiasme, j'objectai au laniste que le Monstre aveugle ne pouvait voir son ennemi pour le frapper.

— Il le sent, me répondit-il.

— Pourtant, si on l'attaque de loin, au moyen d'un javelot lancé ou d'une fronde?

— Sa peau est à l'épreuve du fer ainsi que le cuir d'un hippopotame, et les pierres se brisent en frappant ses os.

— Mais si quelque subtil rétiaire...

— A quoi bon tant discuter? conclut Céphisodore. Venez tous deux le voir à l'œuvre; cela vaudra mieux. Il m'en coûtera encore quelques gladiateurs; mais je n'en suis pas à les compter. J'en ai usé plus de trois douzaines pour l'exercer contre tous les genres de combattants. Une couple de plus ou de moins, qu'importe? Venez.

Et nous le suivîmes à son ergastule urbain, situé derrière les Esquilies.

Le Grec ne nous avait pas trompés, et le spectacle dépassa notre attente. Son Monstre était encore plus noir, plus épouvantable, plus fort, et, en un seul mot, plus monstre, qu'il ne nous l'avait décrit.

Il bondissait, en effet, de son tronc sans

membres inférieurs, comme si dans cette masse informe était caché un ressort de catapulte se projetant elle-même. On ne pouvait, à le voir jaillir ainsi, s'empêcher de songer à quelque miracle.

Son unique bras s'enroulait et se déroulait autour de son corps à la façon d'un python, et, dans la tenaille à deux pouces qui était sa main, le bois et l'airain lui-même s'écrasaient ainsi que de la cire molle.

De quelque côté qu'on lui présentât une arme offensive, cette tenaille s'y portait vivement et la saisissait ; car, en même temps, son corps avait viré et s'était élancé vers vous. Sans yeux pour y voir, il sentait votre approche et semblait avoir des yeux partout ainsi qu'Argus. Ou encore l'on eût cru que toutes les papilles de sa peau étaient autant de pointes d'aiguille sollicitées par de l'ambre chaud, tellement était délicat ce que j'oserai appeler son toucher à distance.

Et, d'autre part, cette peau si affinée ressemblait bien à du cuir d'hippopotame, puisque les dards d'acier s'y émoussaient et ne pouvaient seulement pas s'y ficher, comme nous le prouva Céphisodore en envoyant, avec un arc scythe, une flèche dont le bec acéré s'aplatit sur la poitrine du Monstre.

Une pareille épreuve eût pu le dispenser de toute autre; mais il tenait à réfuter mes objections, probablement, et il lâcha contre le Monstre trois de ses plus fameux et formidables élèves, les trois ensemble, pour avoir mieux raison de mes doutes, et ces trois étaient un Thrace, un Samnite et un myrmillon rétiaire.

C'est en vers épiques, en majestueux hexamètres, et non en prose courante, que je voudrais pouvoir rendre la beauté de ce que nous vîmes alors, les brillantes et vaines passes d'escrime tentées par le Samnite au glaive droit, par le Thrace au large sabre courbe, et le vol du filet que lançait le rétiaire en une ronde pluie de mailles, et les sauts du Monstre déchirant ces mailles impuissantes, et les fulgurantes ripostes de son bras dont la main aux deux pouces, l'invincible tenaille, se trouvait partout à la fois, et comme il eut vite fait de happer l'un après l'autre ses trois ennemis, de les saigner à la jugulaire, de boire au cou de chacun une gorgée de sang, et avec quelle douce tristesse il se mit ensuite à siffler, entre ses lèvres rouges, une chanson dont Philomèle elle-même eût été jalouse.

Que notre ami Publius Metellus Scaurus, ce prodigieux spectacle savouré, ne trouvât pas exorbitant le prix demandé par Céphisodore, et que ma sagesse en personne dût en convenir, c'est ce qu'avouera quiconque a un peu de goût pour le nouveau en gladiature.

Il est bien certain qu'un tel Monstre, vainqueur d'avance à tous les combats, et par de tels moyens, si extraordinaires, laisserait loin derrière lui, dans les annales des jeux, les plus belles inventions des plus célèbres donateurs, et celles de Publius Metellus

Scaurus lui-même, fût-ce son hoplomaque ambidextre, ses duels de pétauristes, et la funambulomachie, et la lumbopugne, et la serpentine, et les deux outres, et l'escrime grallatorienne.

Je ne louerais donc pas notre ami comme ayant poussé à l'extrême le désir du non-encore-vu dans l'art gladiatorial, s'il s'était borné à échanger contre un semblable trésor sa statue de Polyclète, ses deux vases murrhins, son esclave astrologue et trois cent mille sesterces. Ce sont là, en effet, des sacrifices dont plus d'un est capable aujourd'hui, et moi tout le premier.

Mais voici où Publius Metellus Scaurus montra un amour vraiment rare pour le nouveau en gladiature, et par quoi il mérite de demeurer immortel dans l'histoire des jeux.

Si Publius Metellus Scaurus était illustre dans tout l'empire romain par l'antique gloire de sa famille, par les honneurs personnels de ses nombreuses magistratures, par ses cinq consulats, par ses prodigalités civiques inscrites aux registres pontificaux, par ses triomphes de l'amphithéâtre, gravés sur des stèles de marbre et des tables d'airain, sa fille unique, Blandilla, était peut-être plus illustre encore par la seule gloire de son incomparable beauté.

Elle joignait à sa beauté une vertu sans exemple aujourd'hui et digne des jours anciens.

Son père avait pour elle une affection à la fois si tendre et si respectueuse qu'il lui avait, dans son palais, fait construire un temple de marbre desservi par des prêtresses de Diane.

Or le Monstre, ayant été mis en présence de Blandilla, en devint amoureux.

Brusquement, il frissonna, gémit, et de grosses larmes coulèrent de ses yeux blancs. On comprit tout de suite pourquoi, même avant que l'explication en eût été donnée par Céphisodore, seul capable de traduire l'obscur gazouillement du Libyen, et qui le traduisit de façon à ne nous laisser aucun doute sur ce que nous avions compris.

— Le Monstre, ajouta Céphisodore, déclare qu'il mourra s'il n'épouse pas la jeune fille.

Sans hésiter, notre ami s'écria :

— Soit ! Après les jeux.

Et j'approuvai intérieurement sa sagesse, pensant qu'une fois les jeux passés et sa nouvelle gloire conquise, il empoisonnerait le Monstre; car c'est, à sa place, la conduite que je n'eusse pas manqué de tenir.

Mais le Monstre se remit à pleurer et à gémir, et Céphisodore, toujours traduisant, reprit :

— Il dit qu'il ne combattra point et qu'il veut, pour combattre, épouser la jeune fille d'abord.

Et Publius Metellus Scaurus, par dévouement à l'art gladiatorial, afin que Rome contemplât un spectacle non-encore-vu, donna sa fille au Monstre.

Que si, comme l'annonce une certaine

secte maudite, un temps doit jamais arriver où de tels actes de noble héroïsme ne feront plus battre d'admiration tous les cœurs, c'est qu'alors, contrairement aux oracles sibyllins, Rome et le nom romain auront cessé d'être, et que le monde, abandonné des dieux, sera devenu la proie des Barbares.

# XV

# LE CHRÉTIEN

# LE CHRÉTIEN

---

J'avoue ne point partager les craintes de certaines âmes inquiètes et chagrines, qui trouvent dangereuses pour l'empire la propagation de ce qu'on appelle, trop pompeusement, la religion chrétienne. Des renseignements puisés à bonne source me permettent, en effet, de croire et d'affirmer qu'il s'agit là d'un mouvement sans grande importance, intéressant seulement les plus basses classes de la société, n'en pouvant pas sortir pour troubler les esprits d'élite, et tout à fait analogue, en somme, à beaucoup d'autres agitations précédentes, dont on a toujours eu raison par le simple et sûr emploi d'une police bien faite, et, au besoin, par la sage application de quelques exécutions exemplaires.

Je ne pensais donc pas avoir jamais à perdre mon temps et à gâcher un rouleau de papyrus fraîchement poncé, en m'occupant ici de la secte nouvelle, fût-ce pour relater ce qu'on en conte d'étrange, comme ces orgies souterraines, nommées agapes, où les adeptes boivent du sang et se prostituent les uns aux autres devant leur dieu figuré par un agneau mis en croix, ou comme ces prédications faites aux esclaves de toutes les races, et dans lesquelles l'un d'entre eux, inspiré par une colombe, a soudainement le don des langues les plus diverses. Si curieuses qu'elles soient à d'aucuns, ces pauvres fables ne me paraissent propres qu'à faire délirer les petites gens, et je les estime indignes de prendre place dans le recueil précieux où je note en une prose de choix tout ce qui m'a semblé beau et rare à notre époque, pour léguer à nos petits-neveux un florilège de merveilles.

Mais j'avais compté sans la fantaisie de notre ami Phryllas, l'affranchi de César, homme d'un goût bizarre, chercheur de spectacles inédits, qui nous a offert le régal d'une pantomime ayant précisément un chrétien pour protagoniste, en sorte que me voilà forcé d'ouvrir à ce chrétien l'enclos de mon florilège, si je veux, comme je le dois, y mettre le tableau de cette pantomime, laquelle mérite d'y être en lumière par sa singularité vraiment unique.

Phryllas, personne ne l'ignore puisque lui-même il s'en fait gloire, doit la plus grande part de sa grande opulence au privilège que lui a octroyé César en lui attribuant le quart de la ferme des impôts sur les lupanars de Suburre. Or ce chrétien s'était fait, en quelque sorte, l'ennemi particulier de Phryllas, par une prédication acharnée, dans Suburre même, contre la débauche dont vivent les tenanciers de Suburre et dont Phryllas enrichit ses coffres, source des belles fêtes qu'il nous donne. Phryllas conçut, en retour, l'idée ingénieuse de faire justement servir ce chrétien, en se vengeant de lui, à une de ces fêtes ; et l'on doit reconnaître que l'invention était piquante, ainsi qu'en jugea César lui-même, le plus expert de tous les connaisseurs en ces matières. L'idée de Phryllas, en effet, fut de faire jouer à ce chrétien le rôle d'Orphée dans une pantomime représentant la mort du chantre de Thrace déchiré par les Bacchantes, tandis que les rôles des Bacchantes seraient tenus par des prostituées de Suburre, celles qui étaient les plus furieuses contre le chrétien ruineur de leur commerce.

La pantomime fut donnée dans l'amphithéâtre privé de Phryllas, le moins grand de tous ceux qui sont à Rome, mais aussi le plus riche et le mieux machiné de tous. Le décor était admirable, ou plutôt n'était-ce pas un décor, puisque tout y était réel, les roches, les arbres, et jusqu'aux flots de l'Hèbre, hérissés d'écueils et torrentueux. Même avant l'entrée des personnages, rien qu'à la vue de cette petite Thrace si minutieusement reconstituée, il y eut un cri unanime d'enthousiasme, poussé par les septante-sept spectateurs que nous étions, y compris César.

Comme je suis impartial et très résolu, en ces notes secrètes, à ne jamais déguiser ma pensée, même pour flatter Phryllas, je ne cacherai point que mon enthousiasme se refroidit à l'aspect du chrétien. Je tiens, en effet, pour une règle immuable dans les choses de l'art dramatique, que le mime doit avant tout être la parfaite image du héros dont il va jouer le personnage. Or ce chrétien n'évoquait pas le moins du monde Orphée, et faisait plutôt penser à quelqu'une des bêtes domptées par le grand toucheur de lyre.

Petit, presque contrefait, d'une maigreur

effroyable, la peau noire, les jambes torses, les bras trop longs, tout le corps sale et velu, il avait l'air d'un cynocéphale d'Égypte, un de ces singes grimaçants que traînent avec eux par les rues les prêtres ambulants d'Isis. La radieuse nudité d'Orphée, à laquelle nous ont habitués tant d'admirables statues, me revenait à la mémoire comme un reproche au goût de Phryllas, devant cette nudité hideuse.

Joignez à cela que le chrétien avait dû sans doute refuser de jouer son rôle et qu'il avait fallu lui attacher sur la tête sa couronne de laurier et lui fixer de force sa lyre aux deux poignets, en sorte que la couronne, secouée par ses hochements de tête, lui pendait sur le front comme un cucullus d'ivrogne, tandis que la noble lyre, au bout de ses mains enchaînées, y semblait un instrument de supplice.

Les Bacchantes, en revanche, remplissaient visiblement leurs rôles de bonne grâce et même avec une joie folle. Aussi me parurent-elles excellentes, quoiqu'elles ne fussent pas des mimes de profession. Leur fureur sincère était, sans doute, trop désordonnée ; mais du moins avait-elle de l'accent. La plupart de ces prostituées, au reste, se trouvaient être de belles filles ; et, nues comme elles étaient, échevelées, hurlantes, brandissant des thyrses aux pointes d'or, des coutelas étincelants, des torches écarlates, elles offraient aux regards un tableau digne d'être admiré.

Si le chrétien avait été, comme il le fallait, dûment stylé par un bon maître de pantomime, il eût dû alors, les voyant, fuir devant elles d'abord, puis essayer de les charmer avec sa lyre ; et peut-être, malgré sa laideur, le spectacle fût-il devenu intéressant, grâce au rythme de ses gestes et de ses attitudes. Mais, hélas ! il n'en fut rien, et le malheureux ne sut nous donner qu'une impression de comique, à croire que nous étions devant un montreur de marionnettes.

De ses longs bras gênés par la lyre, il fauchait l'air de haut en bas, puis de gauche à droite, puis se frappait la poitrine comme s'il voulait se frotter le ventre avec la lyre; et, tout en gesticulant de cette façon maladroite et ridicule, il prononçait un discours absolument dénué de sens et d'un vocabulaire informe. Car, sans doute inspiré par sa colombe et s'imaginant posséder le fameux don des langues, il mêlait des mots syriaques, grecs, à d'abominables barbarismes latins, dans un rauque et incompréhensible jargon, aussi bouffon que celui du Carthaginois de Plaute.

Heureusement la bassesse de ce spectacle fut un peu rachetée par le dénouement, trop vite amené, d'ailleurs, mais enfin d'une certaine beauté horrible, quand les Bacchantes se jetèrent sur Orphée et se mirent à le déchirer. Les cris qu'il poussait, le sang qui jaillissait de son corps, la mêlée des femmes lui arrachant des lambeaux de chair, quelques-unes avec leurs dents, la poussée du cadavre décapité et démembré dans les eaux écumeuses de l'Hèbre, tout cela nous permit de faire à Phryllas des compliments sincères en le remerciant du plaisir qu'il nous avait donné.

En somme, on le voit, grâce à cette nouveauté d'une pantomime s'achevant en un massacre réel, la chose valait d'être consignée ici. Mais combien j'aurais su plus de gré à Phryllas, si, au lieu de ce chrétien ignorant et laid, il nous avait fait jouer Orphée par un mime savant et beau, tel que Pisander, je suppose, lequel aurait sûrement trouvé moyen, même en ce dénouement atroce, de rester eurythmique et exquis à contempler, de nous élever l'âme à l'évocation d'un tableau grandiose et artistique, de nous représenter le grand chantre de Thrace en sa nudité radieuse, de s'envelopper dans son sang répandu ainsi que dans une pourpre de gloire, et de se faire enfin dilacérer les membres en mesure et arracher la tête avec grâce !

# XVI

# LES DEUX LABRAX

# LES DEUX LABRAX

———

Il manquerait une médaille, et non la moins rare et la moins belle, je crois, à mon collier de souvenirs gladiatoriaux, si je ne racontais pas ici comment sont morts les deux Labrax, illustres tous deux dans les fastes de l'amphithéâtre, le fils pour avoir été le fondateur de la nouvelle école, dite « la fulgurante », et le père pour avoir été le dernier et le plus admirable représentant de l'ancienne, dite « la tourbillonnante ».

Les jeux ayant, comme les livres, leurs destins, c'est la nouvelle école qui a définitivement prévalu et qui est seule en usage aujourd'hui ; mais il me sera sans doute permis d'affirmer, à moi qui tiens pour l'ancienne, que les destins n'ont pas été justes en condamnant à l'oubli une école dont le dernier représentant est mort finalement invaincu et dans le triomphe et l'apothéose de son art.

Pour être impartial, comme il convient de le demeurer en de si graves matières, j'avouerai volontiers que la méthode de Labrax le fils s'adapte mieux aux goûts de l'heure présente, inclinés vers le simple et le logique, et je ne ferai pas non plus difficulté de reconnaître qu'avec elle on *fabrique* plus vite et plus aisément des gladiateurs corrects ; mais j'espère qu'en retour on m'accordera cet irréfutable aveu, à savoir qu'elle n'a pas encore produit un gladiateur comparable en beauté à Labrax le père.

Tout ce qu'on pourra m'objecter là contre, c'est que Labrax le père devait moins à sa méthode qu'à la nature. A quoi je répondrai victorieusement qu'alors les dieux eux-mêmes semblent préférer l'ancienne école, puisqu'ils en favorisent les parangons d'une manière si manifeste ; et je n'en aurai donc que plus d'autorité à défendre une opinion qui a pour garants les Immortels, et en particulier Mars et Vénus.

Mais voilà sans doute trop de dissertations, lesquelles ne seront agréables qu'aux passionnés de l'art gladiatorial, poussant cette passion, comme moi, jusqu'à en philosopher. Venons-en à la narration promise, et ne nous exposons pas plus longtemps au reproche qu'on pourrait me faire, de préférer en littérature, ainsi qu'en escrime, la méthode tourbillonnante à la fulgurante.

Depuis que Labrax le père avait pris sa retraite, après quinze années de victoires ininterrompues, la poitrine chargée de médailles, et le poing orné du petit sceptre blanc le désignant comme gladiateur émérite, depuis le jour mémorable où il avait été proclamé l'empereur de la gladiature, c'est son fils qui lui avait succédé dans l'admiration de tous, et à juste titre, je le confesse. Grâce aux leçons de son père, on ne le niera pas, et grâce aussi, je le déclare hautement, à la rapidité d'éclair de ses fameux coups droits, et grâce encore, n'en disconvenez point, à la faiblesse des représentants survivants de l'ancienne école, Labrax le fils triomphait. Et avec lui, cela va de soi, triomphait sa méthode, dont s'engouaient jusqu'à ses confrères, devenus ses disciples et ses imitateurs. Tant et si bien qu'il finit par oublier les leçons de son père, et toute la vénération qu'il lui devait, et qu'il alla, dans l'infatuation de lui-même, jusqu'à dire un jour :

— Il est regrettable que le premier Labrax soit bientôt près de toucher à la cinquantaine; car, sans cela, le second Labrax le combattrait pour prouver qu'il n'y a qu'un seul Labrax.

On rapporta le propos au père. Il en sourit, et se contenta de répondre qu'il avait, pendant quinze années, servi Mars et Vénus tout ensemble, et que, maintenant, il lui suffisait de servir Vénus seulement, ce que le second Labrax ne pourrait jamais faire.

Il faut savoir, pour comprendre cette plaisanterie, que Labrax le père, comme tous les gladiateurs de l'ancienne école, s'était toujours fait gloire de mener de front les luttes de l'arène et celles de l'amour, tandis que Labrax le fils, parmi ses réformes, avait introduit celle des mœurs gladiatoriales, prétendant que le gladiateur parfait doit rester chaste.

Et rien ne m'empêchera ici de philosopher encore un peu sur notre art, et de faire remarquer quels hommes extraordinaires et chers aux dieux devaient être les gladiateurs d'autrefois, pour vivre comme ils vivaient sans rien économiser de leur être, fous et prodigues d'eux-mêmes, et quels piètres hommes sont au contraire nos gladiateurs d'aujourd'hui, comptant leurs forces comme des sous rognés, et avaricieux de leur pauvre moi.

Mais, encore une fois, trêve à la philosophie, et achevons notre narration au plus tôt, d'autant que l'issue en sera le meilleur des arguments en faveur de notre cause.

Irrité de la plaisanterie sur sa chasteté, Labrax le fils se répandit en injures contre son père, jusqu'à oser dire que l'empereur de la gladiature avait toujours été le favori du hasard, et qu'il avait honte, lui, Labrax le fils, d'avoir pour père *probable* (il eut l'audace de ce sacrilège) un aussi médiocre gladiateur.

Pour le coup, Labrax le père se fâcha et dit :

— Je rends mon sceptre d'émérite et suis prêt à rentrer dans l'amphithéâtre pour lui donner une dernière leçon.

On pense quelle affluence de monde amena l'affiche peinte en vermillon, sur laquelle était annoncé l'assaut entre les deux Labrax. L'amphithéâtre regorgeait. César en personne arriva un quart d'heure à l'avance, ce qui était inouï dans les annales des jeux. Aucun autre combat ne servit de prélude au combat unique et suprême, qui suffisait à tenir en attente trois cent mille spectateurs.

Labrax le fils entra le premier sur l'arène. Il était armé en hoplomaque, le corps aussi bardé de fer que le permettaient les lois de la gladiature. On applaudit à la raideur de son allure, à la rectitude serrée de ses mouvements, dont pas un n'était inutile, à son salut froid, fier et menaçant. Mais ses partisans eux-mêmes furent obligés de reconnaître qu'il avait l'air d'une machine de guerre et non d'une statue en marche; et personne ne put se dire ravi par la beauté de son visage, que cachait la grille de son casque.

Tout autre fut l'impression produite à l'entrée de Labrax le père. Armé en Samnite, avec une seule jambe garnie de la molletière en bronze, les flancs protégés seuls par une ceinture de cuir blanc aux écailles d'argent, le torse nu, portant pour unique cuirasse ses médailles, le visage à découvert sous un casque léger que surmontait un beau panache rouge, il semblait Mars, mais Mars sortant du lit de Vénus. Car son corps souple et gracieux, que l'âge n'avait point déformé, était fait autant pour l'amour que pour la guerre; sur ses joues, pareilles à du marbre doré par le soleil, on eût dit que la trace des jugulaires avait été polie et effacée par les caresses; et sa bouche aux dents de loup était une fleur écarlate appelant les baisers; et ses yeux clairs et lumineux, couleur de la mer au printemps, évoquaient l'image des vagues voluptueuses d'où sortit jadis l'Anadyomène.

Et aussitôt toutes les femmes, même les vestales, levèrent le pouce en l'air, pour demander que le combat n'eût pas lieu. A quoi il répondit par un geste de remerciement et d'amour, signifiant qu'il prenait les pouces en l'air, non pas pour de la pitié à son endroit, mais comme un emblème de sa virilité toujours jeune. On le comprit, on cria d'enthousiasme; et, souriant, il se mit en garde.

Dès la première passe, tout le monde sentit que Labrax le fils était perdu. Certes, ses coups droits, sa rapidité sûre, la netteté de ses attaques et de ses ripostes étaient dignes d'éloges. Mais que dire du jeu de Labrax le Grand, aux voltes de danse, aux bonds de fauve que réglait toujours l'eurythmie? Jamais il n'avait été plus admirable. Il se surpassait. Ceux qui n'ont point assisté à ce merveilleux spectacle ne sauront jamais de combien la tourbillonnante l'emporte sur la fulgurante, non seulement en certitude, mais encore et surtout en beauté.

Soudain, d'un flamboyant co... de revers, Labrax le fils fut blessé au défaut de la cuirasse et désarmé. Tous les pouces se tournèrent vers l'arène. C'était la condamnation à mort.

— Relève-toi, cria Labrax le père. Je ne tuerai point mon fils.

— C'est que tu es un mauvais gladiateur, répondit le vaincu.

— Dis que je suis un bon gladiateur, reprit le père.

— Je répète, répliqua le fils, que tu es un mauvais gladiateur.

Cependant, la foule hurlait à mort, et l'on voyait César gesticuler furieusement dans sa loge, et l'on devinait, parmi le tumulte, au pli de sa bouche tordue, qu'il criait avec la foule :

— Frappe ! Frappe !

Et Labrax le fils, à genoux, son casque défait, la gorge tendue, ne cessait de répéter :

— Si tu ne frappes pas, c'est que tu es un mauvais gladiateur.

— Je suis l'empereur de la gladiature, dit le grand Labrax avec un sanglot qui souleva toutes ses médailles sur sa belle poitrine.

Et, brandissant son glaive droit, puis le rabaissant, la pointe vers son fils, il le plongea d'un coup, jusqu'à la garde, dans la gorge du vaincu, en criant d'une voix forte :

— A la gladiature !

Après quoi, le retirant du corps, il en ficha la garde dans l'arène, et se jeta sur la pointe en criant, d'une voix plus forte encore :

— Aux mânes de mon enfant !

Ainsi mourut Labrax le père, meurtrier de son fils et meurtrier de lui-même, ayant su et voulu être, comme on l'était de mon temps dans notre art, non seulement un parfait gladiateur, mais aussi un homme, et en cela supérieur à ceux qui ne peuvent plus être que l'un ou l'autre !

# XVII

# PSELLIAS

# PSELLIAS

En dépit des oracles sibyllins qui assurent la Ville-aux-Sept-Collines d'une éternelle durée, les sages n'ignorent point que le jour est proche où les flots sans cesse renouvelés des Barbares, après avoir peu à peu rongé les bords de nos provinces, finiront par trouer les digues les plus solides, et, se répandant comme une inarrêtable mer, submergeront l'empire romain et l'engloutiront tout entier sous les torrents de leur vase dévastatrice.

De ce qui fait notre grandeur aujourd'hui, il ne subsistera rien alors, et pendant longtemps le monde sera dans les ténèbres, jusqu'à l'heure probable qui verra de ce chaos surgir une aurore, quelque peuple ayant germé de ce fumier d'hommes, et l'esprit curieux de ce peuple s'ingéniant à chercher nos vestiges parmi les ruines désenfouies de vieux monuments, les fragments de statues retrouvés par de grossiers laboureurs, et surtout les lambeaux de parchemins échappés miraculeusement à l'incendie des bibliothèques.

C'est dans cet espoir que je vais écrire ceci, d'un calame aigu comme un burin, avec une encre indélébile dont le secret m'a été vendu très cher par un voyageur venu de l'extrême Orient, et sur un papyrus de Memphis à l'épreuve des siècles, et enfin en un latin de choix, aux mots clairs et durs ainsi que des diamants, aux phrases sonores et pleines et pouvant se tenir debout par leur propre poids, ainsi que des stèles de bronze.

Si jamais ces pages tombent sous les yeux

d'un érudit des races futures, elles lui seront, mieux que de glorieuses annales ou de parfaits poèmes, un éclatant témoignage du degré de raffinement où nous étions parvenus ; et, par la puissance d'expression que pouvait développer chez nous un simple mime, et par notre faculté à en être aussi profondément émus, il jugera combien était frénétique et subtil notre sens de l'art, ce qui lui donnera une idée de notre passion et de notre science à vivre.

Dans les livres de vers et de prose qui resteront sans doute, ayant été reproduits à de nombreux exemplaires, et aussi dans maintes inscriptions commémoratives, épitaphes d'opulents tombeaux, dédicaces de statues, gravures sur camées et pierres précieuses, certes le souvenir sera perpétué des illustres mimes tels que Pâris, Bathyllus, Pisander, Bdallos, dont le peuple romain fit ses délices, et ainsi l'on saura que depuis longtemps déjà nous étions capables de tout traduire et de tout comprendre par le seul truchement du geste et de la physionomie ; mais à quel incroyable point nous l'étions, c'est ce que va montrer l'histoire de Psellias.

De ce Psellias, rien ne sera jamais connu, sinon ce que j'en raconte ici, puisque à l'instigation des tout-puissants patrons de lupanars, et par un spécial sénatus-consulte, on a détruit toutes les effigies le représentant, brûlé tous les volumes composés à sa louange, gratté sa gloire partout où elle se trouvait figurée, dans l'airain, le marbre, l'argent ou l'or, puisqu'on a fondu les médailles et réduit en poussière les gemmes qui l'immortalisaient, et puisqu'on a enfin proscrit et aboli sa mémoire elle-même sous les peines les plus sévères, jusqu'à décréter que la prononciation du *psi*, lettre initiale de son nom, serait rangée parmi les crimes de lèse-majesté et d'abominable sacrilège.

Il faut dire, pour l'intelligence de cette histoire, que la corporation des patrons de lupanars est devenue la plus influente de toutes, et même la seule importante aujourd'hui, véritable maîtresse de la Ville, y exerçant une tyranie occulte à laquelle est soumis l'empereur en personne, cela, grâce aux gains prodigieux que produit la prostitution, aux impôts qu'elle paye, au bénéfice qu'en retire le trésor public nourri désormais de cette unique ressource, et aussi et surtout parce que les prétoriens, dont dépendent les élections impériales, sont soudoyés et grassement entretenus par la corporation des patrons de lupanars, et reçoivent d'elle seule l'opinion qui les dirige et la consigne qui les fait agir.

De tout temps, on le conçoit, les patrons de lupanars ont été favorables aux mimes, dont le jeu lascif a pour caractère de représenter l'amour et pour but d'en exciter le désir, en sorte que les journées les plus fructueuses à la corporation, et partant au trésor public et au salaire même des prétoriens, étaient précisément celles où quelque mime savant, par son art voluptueux, avait allumé dans tous les cœurs une irrésistible soif de rut que l'amphithéâtre entier allait ensuite étancher furieusement à l'abreuvoir aussitôt offert des vénales caresses.

Or nul ne s'était jamais montré aussi habile que Psellias à déchaîner ces folies de rut, lui qui incarnait à son gré le dieu, l'homme, la femme, l'animal, ou plutôt Vénus elle-même, sous toutes les formes, avec tous les sexes, dans toutes les postures, toutes les colères, toutes les pâmoisons, tous les enivrements, tous les délires de l'amour; et, quand on venait de le voir, c'était comme une rage qui prenait les spectateurs, et les précipitait au dehors vers une immédiate et ardente débauche, pêle-mêle, criant, se hâtant, les lèvres baveuses, les yeux en braise, tous, patriciens et plébéiens, mâles et femelles, vieillards à demi paralysés, enfants à peine pubères, jusqu'aux graves prêtres et aux saintes vestales, tous pareils à à des satyres et à des Bacchantes, si bien que Rome n'avait plus l'air d'être Rome et devenait une énorme et rugissante et monstrueuse rue de Suburre qui grouillait d'accouplements.

Par quel miracle Psellias eut-il un jour l'idée de jouer précisément à contresens de son jeu ordinaire, c'est ce qui n'a jamais pu être éclairci, les uns ayant prétendu qu'il avait en cela exécuté les ordres d'une secte obscure venue de Syrie et aux mystères de laquelle il s'était fait initier, les autres soutenant qu'il était de son propre mouvement arrivé au complet dégoût des représentations voluptueuses pour en avoir atteint la suprême expression, et certains enfin, les plus subtils, dont je suis, donnant pour noble et sublime motif à son acte extravagant une pensée de grand artiste qui voulait trouver du nouveau et surpasser définitivement tous ses rivaux d'autrefois, d'aujourd'hui et de demain par un triomphe remporté, non seulement avec l'aide de la nature, mais, ce qui est plus difficile et combien plus rare, et cru impossible, contre la nature elle-même.

Sans discuter plus longuement sur les causes secrètes de sa transfiguration, on peut affirmer en tout cas que les effets en furent aussi bouleversants que ceux de quelque métamorphose divine; et rien au monde n'est capable de rendre la stupéfaction d'abord, puis l'émotion profonde, et enfin le total changement d'âme, qu'il produisit dans l'amphithéâtre, quand, au lieu d'y apothéoser l'amour comme un immortel phénix toujours renaissant de ses cendres, il y montra l'amour mourant, consumé par son propre feu, lassé de toutes les caresses, et renonçant même au désir des caresses, après avoir touché, au fond des voluptés les plus suaves et les plus fortes et les moins connues, la définitive et originelle et abominable amertume où, comme dans un fumier de pourriture, la fleur des délices plonge et nourrit ses racines empoisonnées.

Par ses gestes lents et languides, pareils à ceux de quelque larve en train de couler mollement dans une brume léthéenne, par son désolé visage, à la bouche sanglotante de muets sanglots, aux yeux noyés d'extase agonisante, à la pâleur spectrale, par l'attitude comme vaporeuse de tout son corps peu à peu s'abandonnant, et qui semblait l'ombre apparue, et prête à disparaître, d'un dieu déjà résorbé en le vide du chaos originel, par son être entier où ne vivait plus que la mort, et pas même cette mort précise qui est le contraire de la vie, mais bien la mort infinie qui est le neutre ne-pas-être, il n'exprimait pas seulement la vanité de l'amour, et allait plus à fond des choses, et faisait comprendre pleinement et terriblement que l'inéluctable et à jamais irrémédiable rien est la vraie, unique et absolue essence du tout.

Et, tant nos esprits étaient aiguisés, fût-ce parmi les derniers sportulaires de la plèbe, fût-ce aux plus ardus problèmes de la métaphysique, cette haute philosophie sans paroles pénétra aussitôt, clairement entendue, l'amphithéâtre tout entier, qui se mit à gémir dans un unanime concert de désespoir, les hommes et les femmes se regardant mutuellement avec dégoût, avec horreur ; et soudain, sur un geste de Psellias, qui doucement, béatement, voluptueusement, mimait l'acte de s'émasculer et d'y savourer les suprêmes délices de la communion en le rien essentiel, soudain voici que souffla par tous les cœurs un vent frénétique d'annihilation, et, parmi des cris forcenés, des chants lugubres, des rires de corybantes ivres et de ménades folles, à coups de couteau, à coups d'ongles, à coups de dents, les hommes et les femmes, rués les uns contre les autres, s'ensanglantèrent le ventre pour s'en arracher le sexe.

Le soir même, Psellias disparut, supprimé par la toute-puissante corporation des patrons de lupanars, qui prirent les mesures nécessaires pour qu'il ne restât de lui aucune trace, son corps ayant été réduit en cendres impalpables transportées ensuite et noyées en pleine mer ; et comme le bruit se répandait qu'il était devenu dieu, et comme son culte menaçait de se propager avec le goût de l'annihilation sexuelle, mort prochaine de la prostitution à Rome, tarissement certain de la seule source où s'alimentait le trésor public et dont subsistaient les prétoriens et par conséquent l'empire en personne, comme une telle éventualité ne tendait à rien moins qu'à la ruine de la république, le Sénat rendit quelques jours plus tard le fameux sénatus-consulte abolissant tout souvenir de Psellias, jusqu'à décréter que la prononciation du *psi*, lettre initiale de son nom, serait rangée parmi les crimes de lèse-majesté et d'abominable sacrilège.

Et cependant, au risque d'encourir les plus cruels supplices, l'évulsion des ongles et de la langue, la brûlure des yeux à la résine fondue, le lent dévidement des entrailles, et le final enterrement tout vif dans une fosse pleine de crapauds et de reptiles, j'ai voulu conserver et transmettre aux races futures l'acte de Psellias, et c'est pourquoi je l'ai fait ici, sur ce papyrus à l'épreuve des siècles, avec un calame de graveur et une encre indélébile, dans un sonore latin à la solidité de stèle, et j'ai scellé le papyrus de mon sceau, et j'affirme la véracité de mon dire, moi, Publius Valérius Messala, vieux Quirite, de *gens* patricienne, homme consulaire, et sûr de remplir ainsi un devoir sacré, non seulement envers l'incomparable mime Psellias, mais aussi et surtout envers Rome elle-même, dont le diadème de gloire sera peut-être un jour reconstruit par la postérité, rien qu'à l'aide de cette unique gemme enchâssée par moi dans l'airain d'une indestructible prose.

# XVIII

# LA MAGICIENNE

# LA MAGICIENNE

Pour trouver quelque sujet d'étonnement au sombre désespoir dont parfois est travaillée notre délicate amie Sergia, il faudrait être obtus comme un vieux centurion des légions pannoniques, aux lourds maxillaires durillonnés par trente ans de jugulaire, et à l'étroit cerveau devenu de pierre ponce sous la desséchante étreinte du casque d'airain ne faisant plus qu'un avec son crâne.

Mais que notre délicate amie Sergia ne soit pas sans cesse en proie au sombre désespoir, et qu'elle en soit travaillée parfois seulement, et qu'elle sache la plupart du temps y échapper, et qu'elle ait assez de force d'âme pour demeurer presque toujours souriante et d'aimable humeur parmi tant de bonheurs dont elle est accablée, voilà qui nous étonne à juste titre, nous autres, ses délicats amis, rassasiés comme elle et avec elle de toutes les voluptés, et sachant par son expérience et par la nôtre combien le grand Titus Lucretius Carus a eu raison de dire que du milieu de la source des délices surgit quelque chose d'amer qui, dans les fleurs elles-mêmes, vous prend à la gorge.

Ce qui peut, je pense, expliquer chez Sergia une si extraordinaire force d'âme, c'est précisément son nom de Sergia, par quoi est avérée la présence, dans ses veines, d'un sang viril, audacieux et indomptable, le sang de l'illustre Sergius Catilina, son ancêtre. Tel il se montrait, lui, capable de tout pour arriver à l'empire, dont il avait prévu, avant César, la possibilité, telle se montre notre Sergia pour atteindre son but à elle, but moins difficile à toucher, semble-t-il, mais, en réalité, infiniment plus inaccessible, puisqu'il s'appelle la joie de vivre.

Jusqu'où va ce tout, dont elle est capable dans ses tentatives vers ce but inaccessible, un poète seul pourrait dignement l'exprimer, lequel devrait être à la fois Juvenalis et Martialis, assaisonnant le gibier faisandé des hexamètres de l'un avec les procaces épices des hendécasyllabes de l'autre. Je tâcherai néanmoins d'en donner quelque idée, par le simple récit de la visite que nous fîmes ensemble chez la magicienne Dercetô ; et j'y emploierai de mon mieux ma prose élégante et sobre de philosophe, rythmée par le caducée de Mercurius, à défaut des substantifs titillateurs et des épithètes fellatrices dont la mesure est battue par le bâton proterve de Priape.

C'est Sphoragmas, le Syrien marchand de monstres, qui nous conduisit chez Dercetô, sa compatriote, en prévenant Sergia que les pratiques de la magicienne étaient terribles et qu'on risquait sa vie à s'y abandonner, avertissement qui, on le pense bien, ne fit que surexciter la curiosité de notre amie et son désir de se soumettre à de si redoutables expériences. Il nous avait appris aussi que Dercetô n'était point le vrai nom de la magicienne, mais le nom de la déesse d'Ascalon dont elle avait été prêtresse, déesse au corps de femme terminé par une croupe de dragon aquatique, déesse mystérieuse qui s'appelle ailleurs Astarté-Mylitta, et qui préside tout ensemble à la prostitution et à la mort.

Notre surprise fut grande en arrivant au logis de Dercetô et en la voyant elle-même. Car Sphoragmas, à dessein sans doute et pour réserver à Sergia cette volupté d'être surprise, nous avait laissé l'illusion que nous allions trouver quelque affreuse Canidia dans un de ces bouges si souvent décrits par les faiseurs de pharmaceutrion. Or, tout au contraire, la demeure de Dercetô, où l'on accédait en effet au bout d'une sale et noire ruelle suburrane, était un véritable petit palais regorgeant de tapis smyrniotes, de tentures indiques, de statues polychromes, de tables peintes, de marbres athéniens, de bronzes corinthiens, d'ivoires, d'antiques orfèvreries en or et en argent, de lampadaires où s'incrustaient des gemmes, et de vases murrhins où brûlaient, mélangeant leurs parfums en un chœur savant de suaves senteurs, l'encens, le benjoin, la myrrhe, le nard, le cinname, le cinnamome et la cascarille. Et, quant à Dercetò elle-même, loin d'être une affreuse Canidia, vétuste, édentée, décharnée, c'était une jeune femme merveilleusement belle, au pâle visage casqué d'une énorme chevelure bleu sombre, au corps onduleux comme celui d'une Gaditane, aux gestes de mime, et dont l'étrange profession se devinait seulement au trouble et glauque et profond regard de ses yeux immobiles, évoquant tout de suite l'image d'un lac en laitance verte et fluide, propice au rut mystique de la Lumière vagissante et du Chaos agonisant.

Dercetô était toute nue et nous reçut sans parler, même de ses yeux qu'elle gardait fixement immobiles. Ses mains seules ne restèrent point si enueuses. De la dextre, elle nous fit signe, à Sphoragmas et à moi, de demeurer dans la pièce où elle nous avait accueillis ; et de la senestre elle donna impérieusement à Sergia l'ordre de la suivre dans une chambre voisine, dont l'entrée se démasqua soudain, une tenture s'étant ouverte sur un autre signe de ses deux pouces écartés.

Cette chambre voisine, où Sergia suivit Dercetô, était toute noire et paraissait d'une profondeur immense ; car la clarté des deux lampes étrusques illuminant la pièce où nous nous tenions, Sphoragmas et moi, cette clarté, pourtant extrêmement vive, n'arrivait pas à percer la noirceur de la chambre noire où l'on eût dit que les rayons tremblotants allaient se perdre et se dissoudre, y émoussant leurs plus ultimes pointes contre des murailles de ténèbres situées à l'infini.

Un nouveau geste de Dercetô, que nous comprenions mieux que si elle eût prononcé des paroles, nous jeta par terre, Sphoragmas et moi, écrasés comme sous de lourds coussins d'angoisse, et toute notre énergie bandée à redresser notre nuque pour conserver la face tournée vers le spectacle de la chambre noire, où maintenant Sergia se trouvait seule, brusquement dépouillée de tous ses vêtements, et couchée sur un lit de viandes saignantes et pantelantes, en vivante pourpre.

Autour de ce lit courait et sautelait, tantôt sifflant ainsi qu'une vipère, tantôt vrombissant ainsi qu'un monstrueux scarabée, le sabot magique, en forme de cœur humain, mais d'un cœur de géant, tant il était gros et gonflé. Et l'on entendait les claquements sanglants et sinistres dont, pour le faire tourner, quelqu'un le fouettait avec frénésie dans l'ombre, sur un rythme alternativement ternaire et binaire, quelqu'un d'invisible, Dercetô sans doute, ou une larve dont elle cadençait en personne les mouvements, car dans ces mouvements on reconnaissait le rythme même de ses gestes et jusqu'aux ondulations de son échine battant la mesure des coups.

Longtemps le sabot magique tourbillonna ainsi autour de Sergia, qui le suivait des yeux, se soûlant à ce tourbillonnement. Puis, il s'enfonça dans la nuit de la chambre, vers les murailles de ténèbres situées à l'infini, toujours en tourbillonnant, en sifflant et en vrombissant sous la lanière du fouet invisible. Et, quand il se fut évanoui là-bas, voici que du fin fond des profondeurs noires surgit une apparition, qui vint à pas très lents, se précisant peu à peu, et non plus, bientôt, un fantôme de brume lumineuse, mais un corps réel, en chair et en os, vraiment en os et en chair, puisque c'était un mort à demi consumé par la putréfaction, squelette quant à la tête, au torse et aux jambes seulement, et conservant un bassin et des reins garnis de muscles recouverts d'une peau, assez pour qu'on pût voir que le mort avait été un homme, et quel homme, quel monstrueux homme, quel miraculeux mâle !

A ce moment reparut Dercetô, qui prit le squelette par la main et le fit s'incliner vers le lit de vivante pourpre saignante et pantelante où Sergia elle-même pantelait. D'une voix très lointaine et comme pâle, elle murmura :

— Veux-tu ?

Sergia répondit ainsi qu'en un râle :

— Je veux.

Et, comme elle ouvrait les bras pour recevoir l'amant épouvantable, au sexe de prodige, Sphoragmas et moi nous perdîmes conscience, définitivement étouffés sous les coussins d'angoisse et de terreur qui nous écrasaient.

Quand nous revînmes à nous, nous étions

dans le palais de Sergia, où elle-même nous avait fait rapporter en litière, et notre délicate amie nous disait, avec son plus délicieux sourire :

— Je crois que je connais maintenant, à peu près, la joie de vivre.

# XIX

# LE GARAMANTE

# LE GARAMANTE

---

Certes, avec tous les bons citoyens soucieux de la grandeur romaine, j'estime que les dieux immortels se montrent, depuis quelque temps déjà, d'une ingratitude extrême envers nous, et qu'ils semblent bien, cette année-ci surtout, non seulement nous avoir négligés, mais avoir pris un malin plaisir à laisser péricliter notre gloire.

Toutefois, les raisons que j'ai de penser ainsi ne sont pas celles qui causent la tristesse générale ; et peut-être, tant elles sont subtiles, raffinées et profondes, hésiterais-je à les dire, craignant qu'elles ne fussent pas comprises, si je n'étais convaincu de contribuer, par leur révélation, à rehausser précisément cette gloire de l'empire, dont les dieux eux-mêmes sont jaloux. Qu'il se soit, en effet, trouvé à notre époque un esprit tel que le mien, capable de concevoir ces raisons, c'est, et cela restera pour l'histoire, le plus rare et le plus magnifique indice du degré de sublimité où peut atteindre, dans une âme romaine, l'idée de la grandeur romaine.

En quoi s'est manifestée l'hostilité des dieux à notre égard? Est-ce donc, ainsi que le disent les bons citoyens attristés, dans les défaites qu'ont infligées à nos armes les Barbares de l'Orient et du Nord, dont les hordes dévorent peu à peu nos frontières? Est-ce plutôt, comme s'en plaint la plèbe, dans les disettes produites par les accapareurs des blés égyptiens? Est-ce, selon l'opinion des stoïciens renfrognés, dans le redoublement effréné de tous les vices, devenus aujourd'hui non seulement l'apanage des riches, mais le pain quotidien des plus petites gens? Non, par Pollux, non, ce n'est pas en cela que les dieux nous ont fait banqueroute, à mon avis. Si je les accuse et si je leur en veux, moi, c'est de n'avoir point laissé vivre, pour accomplir tout son destin, Grunnax le Garamante.

Jusqu'où et par quels moyens il pouvait et devait arriver pour mettre le comble à notre grandeur dans l'infamie, les publics et sommaires annalistes n'en instruiront pas la postérité, d'abord parce qu'ils l'ignorent, et ensuite parce qu'ils n'ont pas, comme moi, cette haute et rare conception, à savoir que la gloire de Rome est d'être la première en tout, même en infamie. Maudit soit donc leur silence, et puissent, auprès de nos petits-neveux, y suppléer ces pages de mon journal secret!

Parmi les personnes curieuses de monstres, la plus curieuse qu'on eût jamais connue fut certainement Marcia Antonina Priscilla, la propre nièce du dernier César, qui tenait de lui ce goût des monstres et qui l'avait poussé jusqu'à la fureur. Son palais ressemblait au marché célèbre qu'on appelle *le marché des prodiges de la nature*, où des marchands, venus de tous les points du monde, exhibent et vendent les plus étranges difformités de l'espèce humaine, soit que le caprice de la procréation les ait produites, soit qu'on les ait obtenues par les patients et cruels artifices d'une éducation pétrissant les chairs comme de l'argile. C'est ainsi qu'on vit chez Priscilla des nains, des géants, des avortons, des hermaphrodites, des femmes à barbe, des gibbeux à double et triple bosse, des hommes-squelettes, des enfants à tête de veau, une femme-chienne, un couple d'êtres sans bras ni jambes, une jeune fille à queue de poisson, une autre à la peau de panthère, et enfin le fameux disloqué Mimmulas, dont le corps absolument dénué d'os, ou du moins paraissant tel, se roulait, se déroulait, se nouait et se dénouait à la façon d'un serpent.

Mais tous ces monstres, et même Mimmulas, qui avait longtemps été le favori de Priscilla, jusqu'à partager sa couche, tous furent éclipsés par Grunnax le Garamante.

C'est le Phénicien Medherbal qui avait ramené le Garamante d'un voyage dans la Libye inconnue, voyage extraordinairement périlleux, puisqu'il avait traversé toute l'Afrique en large, des sources du Nil aux rivages de l'Océan extérieur. Et vraiment on ne pouvait que l'envier d'avoir affronté tant de dangers pour rapporter de son voyage une si rare et admirable merveille.

Grunnax le Garamante avait huit pieds de haut, et le plus grand géant de Priscilla lui venait à peine au menton. Son ventre était lourd et trop gros; ses jambes étaient trop courtes et en cerceaux violemment arqués; ses bras démesurément longs faisaient presque traîner à terre ses mains énormes. Mais il paraissait d'une force si au-dessus des forces humaines, ses gestes avaient une si puissante détente de catapulte, son visage respirait une telle férocité, qu'il en était beau, malgré sa peau toute noire entièrement couverte d'un poil rude et fauve, malgré les cavernes que faisait à ses yeux l'effrayante proéminence de ses arcades sourcilières, et malgré ses mâchoires prognathes, armées, à l'avant, de quatre dents qui croisaient deux à deux leurs coniques et redoutables poignards d'ivoire.

Medherbal l'avait amené chez Priscilla dans une cage dont les barreaux de fer avaient un pouce de diamètre; car le Garamante pouvait tordre dans ses poings jusqu'aux épieux de bronze des belluaires. Quand on s'approchait de sa cage, il grinçait des dents, roulait ses yeux terribles, poussait des cris aigus pareils à des appels de clairon, et se frappait la poitrine de ses mains avec un bruit qui faisait penser aux rugissements du tonnerre.

Et cependant, à la vue de Priscilla, brusquement il s'adoucit, allongea vers elle ses lèvres comme pour un baiser, et se mit à parler en un langage susurrant et volubile à la fois, si bien que l'on eût dit un chant d'oiseau. Sans doute avait-il été tout de suite séduit par la grâce et la beauté de Priscilla, dont le charme, en effet, savait dompter tout le monde autour d'elle, jusqu'aux bêtes, disait-on, puisqu'elle passait pour avoir été aimée par un tigre.

Mais ce qu'il y eut de plus étonnant, c'est que Priscilla, elle aussi, fut séduite. Et bientôt ce ne fut plus un secret, pour ses intimes, que cet amour mutuel. Tout à fait dompté et la domptant à son tour, Grunnax le Garamante devint son amant. Comme il demeurait formidable et dangereux pour les autres, elle continua de le tenir en cage; mais la cage désormais était une somptueuse chambre, lambrissée d'or, où elle vivait avec lui, heureuse de ses monstrueuses caresses, si heureuse qu'un jour enfin elle déclara vouloir le prendre pour époux.

Or c'est ici qu'éclate l'hostilité des dieux, jaloux de la gloire romaine. Ils savaient, eux, qui était Grunnax le Garamante, et à quel destin il était réservé s'il fût devenu l'époux de Priscilla, et ce qui devait arriver un mois plus tard, quand les prétoriens soulevés voulurent donner l'empire à celui que leur désignerait Priscilla, dont toute la légion était amoureuse. Les dieux, connaissant cet avenir, s'opposèrent à ce qu'il fût réalisé. Foudroyé d'une maladie soudaine et mystérieuse, en deux jours Grunnax le Garamante mourut.

Qu'il eût vécu un mois de plus, et c'est lui certainement que Priscilla eût désigné au choix des prétoriens, et c'est lui qui eût obtenu l'empire, et voilà ce qui eût mis le comble à la gloire romaine, ce qui eût définitivement et triomphalement affirmé notre primauté en tout, jusque dans l'infamie. Car la pourpre des Césars a déjà, certes, été magnifiée par bien des monstres dans tous les genres, depuis la plus sanguinaire cruauté jusqu'à la plus immonde crapule; mais jamais encore elle n'avait connu l'incomparable lustre d'être portée par un monstre pareil, par un monstre aussi digne d'incarner toute notre bestiale grandeur, puisque Grunnax le Garamante n'était pas même un Libyen, puisque Medherbal, en mourant, a révélé le secret de son mensonge, puisque Priscilla voulait faire de Grunnax son époux, puisque cet époux serait devenu notre empereur, et puisque cet empereur, héritier monstrueux des plus monstrueux Césars, cet empereur commandant au monde entier, cet empereur presque égal aux dieux de son vivant, cet empereur que son trépas devait un jour apothéoser, puisque cet empereur, enfin, eût été un singe.

XX

# L'AFFRANCHI

# L'AFFRANCHI

---

C'est le sujet d'un étonnement dont personne, parmi les gens qui m'entourent, n'est encore revenu, que, moi, fils adoptif de Marcus Cneius Piso, et entré à ce titre dans une famille non seulement patricienne et consulaire, mais impériale par alliance, j'aie sollicité un sénatus-consulte m'octroyant le droit de me surnommer officiellement *l'Affranchi*, et qu'un tel surnom, ajouté à mes noms illustres, j'aie tenu à ce qu'il les effaçât tous, au point d'en avoir fait l'unique appellation sous laquelle il me plaît d'être connu, voulant qu'on la considérât comme la plus belle, la plus glorieuse et la plus rare façon de me rendre hommage.

Comment je perdrais toute la joie que je prends à porter ce surnom, si je révélais de mon vivant la raison qui m'a décidé à le choisir, et comment, d'autre part, j'augmente cette joie, à l'idée que le présent testament en fera connaître le secret après ma mort, c'est ce que comprendront sans peine les âmes profondes, égales de la mienne (si toutefois il en existe), auxquelles ce testament est précisément dédié.

Avant de devenir le favori de Marcus Cneius Piso, ce qui m'arriva vers ma trentième année, j'avais vécu parmi les aventures les plus extraordinaires, doué de toutes les qualités qui peuvent et doivent conduire à la fortune, mais n'en ayant trouvé l'emploi qu'en des occasions mesquines et infructueuses, comme un joueur merveilleux, possesseur de dés plombés dont personne ne se méfie, en sachant le maniement de façon à ne se tromper jamais, sûr par conséquent de gagner à tout coup, et qui ne pourrait jouer qu'avec des pauvres devant de misérables enjeux constitués par des fèves ou des noyaux d'olive.

Ma mère était une sorcière de vieille race toscane, non pas quelqu'une de ces circulatrices et arétalogues qui vendent dans les quadrivies des drogues et des sortilèges aux imbéciles de la plèbe, mais une véritable adepte des sciences cultivées jadis en Étrurie, qui connaissait l'astrologie, la chiromancie, l'aruspicine, qui était versée dans les livres fulguraux et qui n'avait pas sa pareille dans l'art de composer des philtres, de causer et de guérir des maladies, et de préparer les poisons. De mes deux pères (car elle assurait que j'en avais eu deux, et elle leur avait fait partager cette assurance à eux-mêmes), l'un, Lesbonax d'Antioche, était funambule, et l'autre, Phérécidès d'Alexandrie, était grammairien. Comme tous deux lui demeuraient extrêmement dévoués, ils s'ingénièrent à m'instruire de leur mieux, le funambule en s'occupant de mon corps, et le grammairien de mon esprit, tandis que ma mère en personne m'initiait à ses plus redoutables pratiques ; si bien qu'en parvenant à l'adolescence, à un âge où l'on est d'ordinaire à peine un homme, ou plutôt un commencement d'homme, j'étais, moi, en quelque sorte deux hommes achevés, aussi parfaitement formé des membres que du cerveau, et tout ensemble comme un vieillard, dépositaire des plus antiques arcanes ; à quoi il faut joindre que la nature m'avait fait beau ainsi qu'un jeune dieu.

Et tous ces dons, je le répète, pendant les années qui s'écoulèrent entre ma quinzième et ma trentième, la malchance voulut que je n'en pusse tirer profit, sinon au jour le jour et juste ce qui était nécessaire au soutien de ma précaire existence. Mes deux pères et ma mère étant morts coup sur coup en l'espace de quelques heures, à l'époque de la grande peste, j'étais resté pauvre et dans un monde de pauvres gens, où ma beauté elle-même ne me servit d'abord qu'à m'assurer la pitance chez une friturière de faubourg. De cette friturière je passai à un prêtre marse, interprète de songes, puis à un grallateur ambulant, ensuite à une manucure qui avait connu ma mère, et à quelques autres personnes encore, d'un ordre tout aussi peu relevé. Entre temps, j'essayai de me faire aruspice des rues, valet d'école auprès d'un philosophe grec, faiseur de tours dans une bande de Campaniens, broyeur d'herbes aux ordres d'un pharmacopole, et je m'affiliai plusieurs fois à des compagnies de voleurs. J'allai même jusqu'à m'acoquiner avec des mendiants, qui m'apprirent à contrefaire l'aveugle, le cul-de-jatte, à simuler le mal sacré, à chanter des complaintes relatant un incendie ou un naufrage représenté sur une image peinte que l'on se suspend au col. Et l'ingrate destinée me persécuta enfin au point de souvent m'obliger, moi, si beau, à laisser en friche le champ de ma beauté personnelle, pour cultiver la beauté des autres et m'en faire des ressources, prostitué sans clients réduit à devenir proxénète.

Mais je n'en veux pas à la destinée de m'avoir si longtemps et si durement poursuivi. Car, à tous ces métiers divers, je m'instruisis en une science où ni mes deux pères, ni ma mère elle-même, ne m'avaient instruit, et qui est la science suprême. Ce que j'appelle ainsi, c'est le mépris profond et absolu de toutes les lois humaines et divines.

Je l'avais déjà, ce mépris, lorsque je fis la connaissance de Marcus Cneius Piso; et cela me permit, après avoir capté sa confiance, de ne point laisser prendre mon cœur au piège de la reconnaissance que je lui devais pour m'avoir tiré de la misère. Grâce à quoi, m'étant fait adopter par lui, je lui administrai un des savants poisons que m'avait enseignés ma mère. Et alors, devenu riche et puissant, mon mépris des lois humaines et divines fut sans bornes, voyant de quels respectueux honneurs on entoura ma fortune présente, après tous les outrages qu'avait subis ma fortune passée. Parmi les gens, en effet, qui maintenant s'empressaient à me rendre hommage, à vanter mon savoir, ma beauté, en était-il un seul qui s'en fût aperçu jadis? Et pourtant j'en retrouvais qui s'étaient rencontrés avec moi au cours de ma vie aventureuse. Aucun ne se rappelait m'avoir vu alors. Et je les jugeais abominables, ou bien d'être passés auprès de moi et de n'y pas avoir pris garde, ou bien de s'en souvenir et de faire comme s'ils n'en avaient pas mémoire. Ce n'était donc pas à moi qu'ils rendaient hommage aujourd'hui, à mes qualités de corps et d'esprit, si merveilleusement rares ; mais c'était à ma situation nouvelle, situation dont plusieurs savaient la cause, puisque, si l'empoisonnement de Piso était resté secret, personne n'ignorait du moins par quels moyens j'avais conquis sa faveur.

Peut-être quelque autre, à ma place, leur

eût fait sentir son mépris. J'estime, quant à moi, que ce serait ravaler jusqu'à leur bassesse le mépris plus haut que j'ai, non pour eux, mais bien pour les lois humaines et divines, dont ils professent le respect. Je crois pousser ce mépris à son dernier degré, au contraire, en professant avec eux ce respect, ou du moins en leur laissant croire que je le professe. Patriciens et patriciennes qui sont flattés d'être mes hôtes, philosophes, poètes et artistes qui sont mes sportulaires, j'accepte gravement les honneurs qu'ils rendent, en ma personne, à ces lois humaines et divines dont j'ai tenu à être le représentant en me faisant nommer préteur et pontife.

Mais je veux qu'après ma mort on sache quel mépris j'en avais, de ces lois humaines et divines, et que mon surnom de *l'Affranchi*, je l'ai choisi et le porte avec orgueil en signe de l'affranchissement réel où je vis, tandis que tout le monde me paraît vivre en esclavage, même César, qui s'imagine passer au rang des dieux en mourant, tandis que je sais, moi, que je rentrerai alors, comme César, dans le rien qui est l'origine, la fin et l'essence des choses.

Et, en attendant ma mort, je me retire chaque soir dans une chambre hermétiquement close, capitonnée de molles tentures et tapissée d'épais coussins, où longuement, soûl du vin de ma joie à la conscience d'être un *affranchi*, le seul *affranchi*, le vrai *affranchi*, et, en un mot, *l'Affranchi*, je fais des cabrioles délirantes, le corps tout nu, et le cœur aussi tout nu, à me rouler par terre et à m'y tordre de rire.

# XXI

# POUR LE BEAU

# POUR LE BEAU

Si, avant de me donner la joie de mourir comme je vais mourir tout à l'heure, je me donne la peine d'écrire les présentes lignes, moi, Cornelius Aurelianus Merula, surnommé jadis admirativement l'arbitre de l'amour pour le beau, et bafoué depuis peu sous l'ironique sobriquet de Philocale, ce n'est certes pas avec le désir que ces lignes, suprême témoignage de mon amour pour le beau, soient lues par les hommes de mon temps, incapables de les comprendre et indignes d'en être les destinataires.

Et ce n'est pas non plus avec le secret espoir d'être mieux apprécié un jour, dans des temps futurs où refleurira l'amour pour le beau, ce n'est pas avec cette arrière-pensée, bien légitime cependant, que j'écris ces lignes à l'encre d'or sur un papyrus indestructible, et qu'une clause formelle de mon testament ordonne de sceller ce papyrus dans le vase murrhin qui me servira d'urne cinéraire.

Il ne me paraît guère vraisemblable, en effet, que l'amour pour le beau, définitivement défunt parmi les hommes de mon temps, ait jamais chance de ressusciter parmi les hommes des temps futurs, fils d'une époque dégénérée ne se plaisant plus qu'au difforme, et dont le goût monstrueux ne pourra que se dégrader encore au contact de nos sûrs et prochains dominateurs les Barbares.

Si, donc, j'écris ces lignes, et si je les écris à l'encre d'or sur un papyrus indestructible, et si je veux que ce papyrus soit scellé avec mes cendres en un vase murrhin, c'est uniquement avec le désir et l'espoir de me rendre hommage moi-même à moi-même et de le faire dans les conditions les plus propres à contenter une dernière fois mon amour pour le beau.

A coup sûr, cet amour pour le beau n'a jamais été chez nous parfaitement pur; et les Grecs, de qui nous le tenons, ont pu dire (non sans quelque raison, je l'avoue) que leur âme, en mêlant ses flots limpides à l'âme latine, y avait trouvé un fond de bourbe par quoi notre amour pour le beau avait toujours eu quelque chose de trouble et de lutulent. C'est ainsi, à parler seulement des spectacles, que leurs concours de tragédies et de comédies, d'origine religieuse, s'étaient transformés à Rome en la licence des pantomimes, et que leurs agonisties olympiques y étaient devenues des exhibitions d'acrobates, de cochers, de belluaires, et les jeux sanglants de la gladiature.

Toutefois, grâce à quelques hauts esprits

dont je suis le dernier représentant, nous avions su, jusqu'en ces déviations du goût, conserver l'amour pour le beau, et peut-être même, oserai-je dire, le cultiver d'un culte plus passionné que celui des Grecs, puisqu'il nous avait fallu, voulant le maintenir chez un peuple qui n'y était pas naturellement enclin, apporter à ce culte un zèle d'autant plus tenace et plus ardent.

De là vinrent à Rome ces manifestations nouvelles de l'amour pour le beau, si éclatantes que les Grecs en personne furent obligés de leur payer tribut de juste admiration, à savoir l'incomparable éloquence gesticulatoire d'un Pylade, d'un Bathylle, d'un Mnester, la savante et harmonieuse lasciveté d'une Lucceia, d'une Ælia Catella, et surtout l'art tout entier de notre divine gladiature, joignant à la splendeur corporelle de la nudité athlétique la splendeur morale d'une héroïque bravoure, et révélant au monde que la mort elle-même peut être rendue belle, par la façon de mourir avec grâce, sans autre utilité à cet acte suprême que sa beauté propre et en soi, ce qui est bien, je pense, le plus sublime des témoignages en faveur de l'amour pour le beau.

Mais un tel épanouissement de l'amour pour le beau ne pouvait durer, et sans doute les dieux en furent-ils jaloux ; car bientôt la bourbe de l'âme latine nous remonta aux lèvres, et notre goût sembla ne s'être élevé si haut que pour retomber plus bas d'une chute plus profonde, jusqu'aux honteux spectacles de notre siècle, jusqu'à ces pantomimes et ces combats dont l'unique attrait désormais est la monstruosité.

En vain quelques amis et moi nous avons lutté contre cette décadence, tâchant de faire revivre les anciennes écoles de pantomime et de gladiature. C'est à peine si nous pouvions recruter des élèves ; et, quand nous étions arrivés à en former, le public se refusait à les applaudir, non seulement le grossier public des sportulaires, mais aussi et surtout le public raffiné, par qui s'est accélérée le plus rapidement cette marche descendante vers l'amour pour le difforme et le hideux.

Ce qu'il faut aujourd'hui, si l'on veut soulever l'enthousiasme de l'amphithéâtre, c'est la pantomime obscène jouée par des infirmes, tels que l'abominable Styrax et l'infâme Gellia, celle-ci sans jambes, celui-là sans bras ; c'est la danse lémurique de cette bande de géants aux corps décharnés de larves, qui nous donnèrent, l'autre jour, l'illusion de squelettes étrusques apparus à la lumière du soleil ; c'est la bataille grotesque entre un manipule de gibbeux et une caterve d'hydropiques ; c'est enfin, et par-dessus tout, les duels de gladiateurs nains, ambidextres et pédipugnes, ravalant notre divine gladiature, naguère encore si noble, dernier et prestigieux souvenir de l'antique eurythmie, honneur du nom romain et gloire de l'humanité, à n'être plus qu'une immonde boucherie de quadrumanes.

J'ignore jusqu'à quel point de démence ira cet engouement pour les monstres ; mais, du train dont il va, je ne serais pas étonné si quelque jour l'un d'entre eux se mettait en tête d'imiter à sa façon l'empereur Heliogabalus, qui se fit élire César par les légions de Syrie en passant la revue des troupes du haut d'un char où il étalait aux yeux sa nudité radieuse, miracle qui se renouvellerait à l'envers, aujourd'hui, le souverain pouvoir qu'on donnait alors par amour pour le beau ayant chance dorénavant d'être donné par amour pour le laid.

C'est en horreur d'une pareille éventualité, prochaine sans doute, en horreur du monde où elle semblera toute naturelle, que j'ai résolu de mourir, moi, Cornelius Aurelianus Merula, jeune encore, car je n'ai pas vécu huit lustres, mais las d'une vie où il n'y a plus de satisfaction possible à mon amour pour le beau. Avec quelle joie je vais mourir, moi seul le sais, et combien cette joie s'augmente à l'idée de demeurer éternellement incomprise, scellée dans le vase murrhin qui contiendra mes cendres.

La salle de bains où j'écris ceci est pavée d'une mosaïque due au génie de Phidippidès, et les quatre statues qui en ornent les angles passent pour les quatre plus admirables qui soient à Rome. Un chœur de danseurs et de danseuses au corps parfait et nu va tout à l'heure, sur cette mosaïque, mimer le triomphe de Vénus en y effeuillant des roses, des violettes et des lis, tandis que des aulètes, des citharistes et des joueurs de cor, tous aussi de corps parfait et nu, accompagneront de leur mélodie la récitation, faite par mon mignon Mnesilochos, de l'hymne grec à Phoibos Apollôn le Musagète, au rythme des éventails en queue de paon soufflant une haleine fraîche et safranée. Et, cependant, moi, Cornelius Aurelianus Merula, dans ma baignoire de marbre pentélique, je m'ouvrirai les veines au moyen d'un petit ciseau en or incrusté de pierreries, et peu à peu et sans souffrir, parmi les parfums exquis, les musiques suaves, les vers aux sublimes images, les visions éblouissantes, le souvenir de tout ce que j'ai chéri, l'orgueil d'être le suprême représentant de l'amour pour le beau, et la consolation d'emporter avec moi le secret de cet amour, ma vie s'écoulant en un tiède lait de pourpre où agonisera ma mort délicieuse, très doucement je m'en irai.

FIN

# TABLE DES MATIÈRES

| | | |
|---|---|---|
| I. | — Étoile éteinte | 1 |
| II. | — La Violette | 13 |
| III. | — La Thaumaturge | 27 |
| IV. | — Triomphe | 41 |
| V. | — La Maison d'un homme heureux | 55 |
| VI. | — Un Retraité | 71 |
| VII. | — Au *Cochon rouge* | 81 |
| VIII. | — Le Brigand Bulla | 97 |
| IX. | — Les Courses | 111 |
| X. | — Les Agrafes du mort | 125 |
| XI. | — Les Trente Braves | 139 |
| XII. | — Les Rivaux | 155 |
| XIII. | — L'Heautophage | 167 |
| XIV. | — Le Monstre | 179 |
| XV. | — Le Chrétien | 195 |
| XVI. | — Les deux Labrax | 207 |
| XVII. | — Psellias | 221 |
| XVIII. | — La Magicienne | 235 |
| XIX. | — Le Garamante | 247 |
| XX. | — L'Affranchi | 259 |
| XXI. | — Pour le beau | 271 |

www.ingramcontent.com/pod-product-compliance
Lightning Source LLC
Chambersburg PA
CBHW070743170426
43200CB00007B/630